# 老有所养

## 资产年金化实现终生可持续收入

Pensionize
Your Nest Egg
How to
Use Product Allocation to
Create a Guaranteed Income for Life

［加］摩西·A. 米列夫斯基
（Moshe A. Milevsky）
［加］亚历山德拉·C. 麦奎因
（Alexandra C. Macqueen）
— 著 —

罗桂连 徐贞颖 谢晓晖
— 译 —

中信出版集团｜北京

图书在版编目（CIP）数据

老有所养：资产年金化实现终生可持续收入 /（加）摩西·A. 米列夫斯基，（加）亚历山德拉·C. 麦奎因著；罗桂连，徐贞颖，谢晓晖译 .—北京：中信出版社，2022.11

书名原文：Pensionize Your Nest Egg: How to Use Product Allocation to Create a Guaranteed Income for Life

ISBN 978-7-5217-4857-4

Ⅰ.①老… Ⅱ.①摩…②亚…③罗…④徐…⑤谢… Ⅲ.①退休金－投资管理－研究 Ⅳ.① F830.59

中国版本图书馆 CIP 数据核字（2022）第 196926 号

Pensionize Your Nest Egg, Second Edition: How to Use Product Allocation to Create a Guaranteed Income for Life by Moshe A. Milevsky and Alexandra C. Macqueen.
ISBN: 9781119025252
Copyright © 2015 by Moshe A. Milevsky and Alexandra C. Macqueen.
All Rights Reserved.This translation published under license. Authorized translation from the English language edition, Published by John Wiley & Sons.No part of this book may be reproduced in any form without the written permission of the original copyrights holder.
Copies of this book sold without a Wiley sticker on the cover are unauthorized and illegal.
Simplified Chinese translation copyright © 2022 by CITIC Press Corporation.

本书仅限中国大陆地区发行销售

老有所养——资产年金化实现终生可持续收入
著　者：　　［加］摩西·A. 米列夫斯基　　［加］亚历山德拉·C. 麦奎因
译　者：　　罗桂连　徐贞颖　谢晓晖
出版发行：中信出版集团股份有限公司
　　　　　（北京市朝阳区惠新东街甲 4 号富盛大厦 2 座　邮编　100029）
承印者：　北京诚信伟业印刷有限公司

开本：787mm×1092mm　1/16　　印张：14　　　　字数：160 千字
版次：2022 年 11 月第 1 版　　　印次：2022 年 11 月第 1 次印刷
京权图字：01-2017-1965　　　　书号：ISBN 978-7-5217-4857-4

定价：65.00 元

版权所有·侵权必究
如有印刷、装订问题，本公司负责调换。
服务热线：400-600-8099
投稿邮箱：author@citicpub.com

前言
PREFACE

## 第二版前言

本书原版第一版于2010年出版，面向加拿大人。写这本书的原因是，我们感觉到在当时直到现在，为退休做准备的加拿大人，对本人及其财务可能面对的各类风险，以及"真实的养老金产品"如何帮助他们防范这些风险，需要有清晰及更好的理解。在本书第一版，我们提供了一些按部就班的产品配置新方法，以防范养老阶段的新风险，帮助读者获得真实的养老金。

第一版（加拿大版）推出以后，我们开始接到其他国家的即将退休人员的咨询，询问养老资产年金化的工具与观点可以如何帮助到他们。几年以来，我们的标准化回复是："只要参考加拿大版本即可，具体条款可能有差异，但是养老金状况、养老金的数学计算和概念几乎完全一样……"

我们错了。

事实证明，美国、英国、澳大利亚和新西兰的养老资产年金化需求的紧迫性，比曾经的加拿大还要严峻。我们指的"真实的养老金"（雇主提供的职业养老金，用退休后提供的终生"退休收入支票"来替代"工作收入支票"）受到越来越严重的威胁，这些国家的养老金覆盖率下降的幅度比加拿大严重得多……之前它们一直都有此类养老金。

同时，在第一版出版后的这些年里，连续多轮的改革已经改变了上述所有经济体的养老金制度，而且这种转变尚未最终完成。

在过去10年里，养老金改革一直被很多国家列入优先政治议程；2008年的金融危机，只是加速了有关改革的步伐。全球养老金观察者发现：目前很多国家已经普遍接受养老金制度与规则需要随时间改变的观点。然而，面对剧烈变化的时代，包括雇主养老金比重的显著下降和脆弱的经济形势，退休人员必须为安全可靠的退休生活做好规划，这种局面将给他们带来何种后果？

《老有所养——资产年金化实现终生可持续收入》的修订版，是我们对这个问题的回应。我们已经更新、扩充并修订了书中的有关材料，兼顾美国、英国、加拿大、澳大利亚和新西兰（我们称这些国家为"重点地区"或"重点区域"）。如果您生活在这些地方的某个地点，且您正在考虑退休问题，本书对您将非常有用。

在您继续翻阅本书之前先提请注意：因为考虑了5个地区，我们有时使用通用术语而不是国别术语。最明显的例子是全书都使用"美元"作为货币单位，而不使用"英镑"，因为我们的讨论与币值无关。当您看到"美元"时，为了更好地满足您的口味，可以很开心地读成"英镑"，尽请随您的喜好。

# 第一版前言

在本书中，我们会要求您做大量的推测、构想、预测和转换，我们即将开始。为此，在本书开头我们介绍了一个有无畏追求精神的英雄的寓言。假设您就是这位英雄，您的追求就是完成一个危险的旅程，当您抵达旅程的终点时需要积攒足够的金块儿来支持余生。

迄今为止，您已经在危险频出的环境里旅行了很远，路上充满不可预见的波折。您一路上一直在收集金块儿，小心地保管在您认为是安全金库的地方，当旅程结束时您才可以取用。好消息是，您的旅程终点就在眼前；坏消息是，危险还在继续。

有3种新的风险从阴影里出现，挡在您和储存金块儿的山洞之间，请仔细观察这些风险隐患：货币价值衰减的龙，会让您的黄金逐渐失去其价值；收益率发生次序的蛇，会意外地吞噬您的一半财富；最后，如果长寿风险的幽灵找到了您，您会面临"人还在，钱没了"的困境。

本书全部内容就是帮助您战胜这些虚构的怪兽，即您可能遇到的各类真实风险，从而实现最终目的：您有安全无忧的退休生活，不必担心没有足够的资金度过余生。

在本书中，我们将给您配备各种各样的工具，从特制的眼镜到灵巧的计算器，这些锦囊会一路帮助您。为了帮助您实现目标，我们给您配备了一块强大的盾牌，足以战胜上述怪兽，终生保护您的黄金，它就是年金化。

何为"年金化"？年金化是指将您的养老资产的一部分（您储

存的黄金）转换为可以终生分期领取的有保证的收入。养老资产的年金化可以帮助您到达想去的目的地，在您需要时能确保您有足够的收入（足够的金块儿）。

真相是：您的养老资产可能比您想象的更加脆弱，您至今使用的保护策略，可能不足以保护您进入并度过退休生活。

在随后的章节中，我们会分析您和您的养老资产在退休后可能面临的新风险，为保护您和您的金融资产奠定基础。

## 如何使用本书？

本书对您有何作用？本书并未吐槽退休人员保障制度的公共政策讨论，不会对其他退休收入计划造成颠覆性改变，不是给您提供各种有关开源节流的提示与诀窍的预算指南，更不是提供大量心理测试的退休规划类著作，也不是提供很多表格帮助您计算未来从您的养老资产账户提取必要款项的财务规划书。

相反，本书是写给所有"缺乏养老金"的未来（与现在）的退休人员的，他们想要、需要和渴求一项计划来产生养老金类的收入，以支持他们安度余生。本书是您年金化养老资产的工具箱。

听起来不错？那么，下面介绍如何使用这本书：

- 第一部分的重点是，您为何要建立自己的养老金计划。包括对美国、英国、加拿大、澳大利亚和新西兰等国面临的真实的养老金挑战的综述，以及您在进入退休生活阶段时可能遇到的挑战。您会了解将养老资产转换为终生收入现金流时，为何资产配置或其他此类历史悠久的积累储蓄的规则都存在问题。阅读这部分，您将了解进入退休年龄时，可能会遇到的一些必须防范的风险及其背后的原因。

- 第二部分介绍保障退休收入的现代方法（实际上，这些方法已经有数百年历史）。阅读这部分，要掌握产品配置与资产配置的差异所在，这部分探讨建立退休后的个人养老金的相关理论问题，对可用来年金化养老资产的金融产品进行最新综述。

- 第三部分指导您按部就班地将养老资产转换为有保证的终生收入现金流。通过插图与实例，给您提供所需的工具来获得个人养老金收入。阅读这部分，学习如何设计与您及您的生活相关的计划。

在开始之前还要提请注意：阅读本书时，您可能面对两位背景完全不同的作者。一位是专业领域为商业、金融和数学的教授，另一位是实务领域的理财规划师。偶尔，您可能读到一些内容并引发思考："这到底是什么鬼？"此时可能是数学教授掌握话语权。不要担心，我们会带您回到现实。（至少我们其中之一会！）这本书是针对普通退休人员及那些准备退休的普通人，不论您是准备自己搞定这些事，还是请理财规划师协助。

准备好了吗？让我们开始吧。

# 目录
CONTENTS

引言　收入现金流比养老资产更靠谱 / 1

## 第一部分　为什么要建立自己的养老金计划：
## 史上最可预期的危机

第 1 章　老龄化在全球掀起养老危机 / 9

第 2 章　应对长寿风险 / 28

第 3 章　收益率发生次序如何搞砸养老规划 / 39

第 4 章　通货膨胀：大额资产的幻觉 / 50

## 第二部分　构建可持续的个人养老解决方案：
## 历经数百年的现代方法

第 5 章　超越资产配置：三大产品类别打造养老资产的新篮子 / 63

第 6 章　终生年金 / 70

第 7 章　传统投资账户 / 88

第 8 章　第三类产品：附带生存利益保证的年金 / 93

第 9 章　收入的可持续性：个人养老规划的根本 / 100

第 10 章　无法回避的最困难的问题 / 118

第 11 章　年金化养老资产的 3 个关键问题 / 127

第 12 章　深层次分析年金化的承诺 / 140

## 第三部分　七步年金化养老资产

第 13 章　步骤一：确定期望退休收入 / 157

第 14 章　步骤二：计算现有年金化收入 / 164

第 15 章　步骤三：计算养老金收入缺口 / 170

第 16 章　步骤四：计算退休收入可持续性系数 / 178

第 17 章　步骤五：评估计划是否可持续 / 184

第 18 章　步骤六：计算预期财务遗产 / 187

第 19 章　步骤七：运用产品组合年金化养老资产 / 189

结语 / 199

注释 / 203

参考文献 / 209

致谢 / 211

# 引言
# 收入现金流比养老资产更靠谱

　　现在是 2045 年 9 月初，格舒特整整 85 岁。她的身体还很硬朗，很享受这一安静、简单的人生阶段。她有时间花在兴趣爱好上——在一家当地园艺协会担任会员，定期与朋友们一起打扑克，与家人共度美好时光，家人们一逢周末就会来看她，过生日时逗她开心。她的日常伴侣是她的小狗匹克，年轻的保姆每天陪匹克玩耍，让匹克保持良好的状态。要在花园遛狗跑圈，格舒特已经力不从心了。

　　按照 2015 年的美元购买力，格舒特的年收入包括：政府提供的约 10 000 美元的长者养老金，约 7 000 美元的投资红利，还有她在很多年前从一家保险公司购买的指数化终生年金提供的 40 000 美元。尽管没有太多的投资性资产，她却有一位理财顾问帮助她管理小规模的股票与债券组合。他们经常在一起讨论格舒特每年要向慈善组织捐款多少。实际上，格舒特真正需要处理的财务问题是，如何花费她从养老金和终生年金计划中收到的 50 000 美元。

考虑到家族史，格舒特担心患上老年痴呆症，因此她下载了拼图游戏，用3D打印机打印出来，时不时玩一玩；还经常去游泳，尽力保持精神和身体上的活跃度。她有一个自己的社交网络，这个圈子几乎不谈钱。当然，格舒特从不提这个话题，她很久以前就决定在余生不再操心这些事情。因此，当准备退休时，她选择年金化养老资产，即将她的部分储蓄转化为终生有保障的收入现金流。

格舒特还有可能过另一种与这种平静生活完全不一样的日子：她最近刚过85岁生日，尽管她已经幸福地活到这个年龄，她的生活也不是无忧无虑，有时她会感到有些压力，对她需要做出的财务决定心里没底儿。看似一个简单的选择，比如是否给她心爱的吉娃娃做一个外科手术，其实不是那么简单，因为格舒特不能确认她的宠物的治疗成本是否会影响她自己的生活开支。

她尽力盯住财务报告和股票市场，这样她可以计算出每月可以从资产组合中的提款额，但她心里总是害怕因忽视一些重要信息而做出错误决策。她还担忧治疗老年痴呆症的成本，担心在她余生找不到可以负担得起的治疗方案。

每天，格舒特提醒自己更加努力地去阅读财务信息，关注适合她的更好的新金融产品的信息。她已经暗下决心好几周，但文件包放在厨房桌子上从未被打开。

现在是2045年，她之前非常熟悉的共同基金已从市场上消失，取而代之的是ZQB。ZQB是21世纪早期流行的交易所交易基金（ETF）的重孙。格舒特过去30年内的第四位理财顾问（最早的两位已经死于心脏病，第三位已经退休）在上次见面时提醒她，因为2037年大型木材市场的崩盘，导致ZQB的期货溢价收益率变为现货溢价，她不得不降低从资产组合的提款额（或者是反方向的变动？她记得不太准确）。

格舒特的丈夫哈里几年前已经去世，过去总是他处理两个人的金融事务。哈里给格舒特留下了很大一笔钱，但没有留下"操作手册"。她的理财顾问说她应当自己决策（而不是由他代为决策），但是格舒特讨厌这些越来越复杂的金融事务。她的朋友们都对讨论金钱问题不感兴趣，所以她越来越依赖她的理财顾问提供建议。但是，她每隔几个月才能与他见面交流，在她最担心能否搞定这一切的深夜时刻，他却不在身边。

格舒特本来喜欢花更多时间做自己喜欢的事情，比如在她的全息手表电视上看自己喜欢的电视节目，或者与分布各地的家人保持联系，但是她不能充分放松地真正享受生活。是否应该给她的狗做手术？今年从资产组合中该提多少钱？明年、后年呢？是否应该买这种最新款的金融产品或坚守现有产品？能否不再关注金融新闻，或者是否需要为了余生打开那些充斥可怕且令人困惑的信息的文件夹？

格舒特的两种状况，哪一种更好一些？我们认为您的答案会跟我们一致：第一种状况更好。事实上，心理学家实施的广泛研究表明，格舒特1比格舒特2更加幸福。

本书的全部内容旨在确保"这位格舒特"（未来的您）有很多收入而不是有足够多的资产。那么格舒特1是怎样炼成的？很简单：年金化养老资产。20年前她做出了一些精明的决定，将她的部分养老资产转换为终生收入。由此，她不仅有她需要的全部收入，还有无忧生活。相反，将有"足够的资产"作为目标，可能带来格舒特2面临的问题。

您是否对其中的差别不太明白？请继续阅读以获得您需要知道的有关有保证的终生收入的所有材料。

## 专业词汇

下面对一些您在阅读本书时可能遇到的词汇进行基础性的复习，假如您需要复习。

### 平均数（Averages）和均值（Means），几何的（Geometric）和算术的（Arithmetic）

当您阅读本书时，您会发现有几个地方会用到平均数和均值，甚至是几何及算术平均数与均值。

术语"平均数"通常指算术平均数。一组数的算术平均数指将这些数加起来除以数的个数。如您想计算一组学生在一次考试中的平均分数，那么将所有得分加起来除以班上的学生人数，得到的答案即算术平均数，与均值相同——两个术语是同义词。

但是，有些情况下，特别是在金融领域，算术平均数不是计算均值的合适方法。

假设您的一项投资，第 1 年的收益率为 12%，第 2 年是 40%，第 3 年是 20%，则 3 年的平均收益率是多少？此时，第 1 年您的投资乘数（不是加数）是 1.12，第 2 年的乘数是 1.40，第 3 年的乘数是 1.20。

此时，我们知道不能用加总方式计算算术平均数，而应该用将这些数相乘后计算得到的几何均值（或几何平均数）。

使用一组数值的积而不是它们的和，计算得到的几何平均数代表这组数的居中趋势或代表值。当您处理一些可以相乘的数值时，这种方法比较好，如计算一个投资组合在一段时间后的投资收益率。

### 期望值（Expected Values）

在统计学和概率分析中，先将每个可能数值与其发生概率相乘，然后把结果相加就得到了期望值。由此，期望值是指所有可能数值按照发生概率的加权平均值。

### 真实值（Real Value）和名义值（Nominal Value）

在本书中，您会发现多次提到"真实"收益率或某物的"真实"价值。在金融与经济学中，真实值指经过调整消除通货膨胀影响后的值。例如，如果您获得 2% 的存款收益率，而通胀率也是 2%，那么您剩下的真实收益率是 0！

**标准差（Standard Deviation）**

在统计学和概率论中，标准差指相对于平均值（本书指算术平均数）的变异量或离差。

低的标准差表明，各数据点与平均值很接近；高的标准差表明，各数据点的分布值的范围较大。

# 第一部分

# 为什么要建立自己的养老金计划

## 史上最可预期的危机

# 第1章

# 老龄化在全球掀起养老危机

《华尔街日报》（美国）2014年10月6日发表的《废弃养老金计划导致开支匮乏》中声称："摩托罗拉与百时美施贵宝是最近一批摆脱数十亿美元的养老金负担的公司，这种趋势的加剧，会削弱政府为那些雇主原来有承诺却失去养老金待遇的数百万退休员工提供保障的能力……2011年美国的私人部门员工中只有14%的员工享有待遇确定型养老金计划，不到1979年38%的一半。"

《卫报》（英国）2013年2月22日发表的《养老金计划的成员数量创15年新低》中声称："雇主养老金计划的成员数量连续11年下降，2012年下降到英国就业人口的46%，官方数据表明……待遇确定型养老金计划，又称为最终工资计划，持续从雇佣关系中消失……数据表明，2012年91%的公共部门雇员有基于最终工资进行计算的雇主养老金计划，而在私人部门，这个数字仅为26%。"

《环球邮报》（加拿大）2014年2月20日发表的《从待遇确定型养老金计划转移，提升了退休规划的需求》中声称："几十年来，大多数员工依靠公司养老金计划提供退休收入承诺……但是养老金的确定性正在降低，由于很多公司在低利率时期存在巨额无储备资金支持的负债和赤字，将其员工特别是新员工转移到缴费确定型计划，后者仅保证按期缴费而不是退休后每月支付确定的养老金待遇。"

《周日先驱论坛》（澳大利亚）2014年5月10日发表的《良好管理的超级年金可以防范养老金的巨大需求风险》中声称："澳大利亚注册会计师公会最近基于对全国超过8 000户家庭的分析报告声称，出生于1946—1965年的婴儿潮一代，正将超级年金作为改善退休前生活水平的意外之财，而不是作为为退休后（正常员工65岁退休）平均预期25年的生活积累资产的手段。根据精算师协会的数据，大多数人的超级年金账户余额在增加，但不足以支撑体面的退休生活，不论是一次性拿出转换为年金，还是投资于其他领域。"

《新西兰先驱报》（新西兰）2014年5月9日发表的《幸运的少数人的私人养老金》中声称："今天，1/10的退休人员可以从雇主养老金获得退休收入现金流……然而，当现在48岁的员工到退休年龄时，能够享有某种私人养老金收入的员工数量会很少，更不要说有通货膨胀保护的养老金……目前48岁的员工在2031年退休时能采取哪些措施？如何使养老资产可持续？"

如果您在过去几个月甚至几年内拿起一张报纸，会看到在本书重点关注的地区——美国、英国、加拿大、澳大利亚和新西兰，有很多关于退休收入制度分析的令人恐惧的文章。简单浏览晨报，您会发现大量关于这些国家养老金水平降低的事实、数字与评论，以及需要制度改革的广泛共识，或关于已经发生的变化的讨论。随时会有关于全球养老金制度未来发展方向的激烈讨论。专家的意见、公共智库的观点、普通市民或选民对改革的呼吁会扑面而来。但是危机是什么？为何需要改革？需要什么样的改革？这些改革对您有何不同影响？

## 浮在水上却无养老金作桨

最近，有一些非常公开的、充斥着吓人数字的关于养老金收入安全性的辩论。特别是，参与讨论的各色人等引用的各种报告，指出雇主发起的职业养老金计划或雇主养老金计划的参与率在下降。通常认为，如果您参加了某项雇主养老金计划，当您退休时，您的"工薪收入"将无缝转换为余生一直领取的"退休收入"。这就意味着，只要您活着，您与您的雇主之间的关系就不会真正终止。

当然，这些讨论的隐含含义是那些没有参与雇主养老金计划的人好像"浮在水上……却无养老金作桨"。与那些参加雇主养老金计划的幸运者相比，他们退休后可能要吃猫食，每一分钱都要掰开花，总是抱怨活得太久但钱已耗尽（或者他们不担心，不过他们应该担心）！

乍一看，现有数据貌似支持这种特别黯淡的图景。下面我们重点关注和具体分析几个国家的养老金情况：

- 在美国，只有45%的就业人员参与雇主养老金计划。
- 在英国，2012年的头版新闻声称，职工参与雇主养老金计划的比例已经低于50%。
- 在加拿大，统计数据表明，2012年只有33%的加拿大劳工参与注册登记的养老金计划。
- 在澳大利亚，政府强制推行超级年金计划（政府发起的职业养老金计划）导致此前存在的很多雇主养老金计划的终止：1995年有约4 200项计划，到2010年就只剩下168项计划。
- 在新西兰，雇主养老金计划的覆盖率一直在降低：参与雇主养老金计划的员工占就业人口的比例，从2003年的约14%降到2011年的略高于10%；不过，2012年6月参加"新西兰储蓄账户"（用于积累养老金的自愿长期储蓄账户）的人数大约占就业年龄人口的34%。

因此，毫不奇怪，当今的公共政策应当选择一些措施来帮助那些不够幸运或悟性不够的人，因为他们在其职业生涯中未能参与雇主发起的职业养老金计划。确实，可想而知，这个人群面临养老资产不足的风险最高。

**待遇确定型养老金计划与缴费确定型养老金计划组合**

我们先介绍一些与流行观点不同的意见。实际上，我们关注的不仅是那些没有参加雇主养老金计划的人，而且还包括那些貌似"幸运员工"中的很大一部分人，他们自以为退休后会获得有保证的养老金收入，但是实际上并没有真正参加这种养老金计划。

为理解这种关切，需要明确我们讨论的养老金的具体含义。如果您将在未来 10 年内退休，请回顾您最早参加工作时的情形。30 年前，北美与英国的很多大型雇主为其员工提供待遇确定型（Defined Benefit，简写为 DB）养老金计划。这是自愿的职业养老金计划，也就是说，雇主设立计划是自愿的而非强制的，雇主是计划的发起人，员工是受益人。这种形式的养老金承诺给退休后的每个员工提供一份终生收入，在员工过世后还有可能为其配偶提供生存养老金。请注意，我们强调的"承诺"与"终生收入"是养老金领域的核心概念。如果您 30 年前进入北美或英国的某家大公司工作，您有很大的机会参加 DB 养老金计划。

但是在过去几十年，向新进员工提供 DB 养老金计划的公司比例在持续下降。目前，如果您在公共部门工作，您还有可能享有 DB 养老金。但如果您在私人部门工作，您的机会就不会那么大：如果您有养老金计划，很有可能是缴费确定型（Defined Contribution，简写为 DC）养老金计划，又称为货币购买计划，您也有可能加入混合型或"目标待遇型"计划，后两种都是 DB 与 DC 养老金计划的组合，表 1.1 介绍了不同类型的养老金计划的主要差异。目前，在统计或调查意义上，DC 仍被视为养老金计划，参加 DC 养老金计划的人群也列入享有合格养老金计划的"幸运"群体。

不过，DC 养老金计划虽然称为养老金，实际上与税优型投资计划差不多，并不承诺任何终生收入。两类养老金计划的差异如下：对于 DC 养老金计划，向计划缴费的数量是确定的；对于 DB 养老金计划，计划支付的金额（待遇）是确定的、有保证的，退休后的收入是确定的；在 DC 计划中，唯一确定的是退休前的缴费。

表 1.1 DB、DC、混合型及目标待遇型养老金计划

| DB | DC | 混合型 | 目标待遇型 |
|---|---|---|---|
| 收入取决于基于历史收入与服务年限的计算公式 | 收入取决于员工缴费、雇主缴费、恰当的资产配置与投资业绩等因素 | 收入取决于 DB 与 DC 因素的组合 | 收入取决于一个计算公式，但是并不确保 |
| 例如，退休后的收入 = 2%×服务年限×最终薪酬 | 例如，员工和雇主均按薪酬的 5% 缴费 | DB 部分提供有保证的最低收入或"保底"，更高的收入来自 DC 账户 | 雇主与员工的缴费率是事先确定的比例或公式，预计足以为某个 DB 公式计算的待遇水平（目标待遇）提供资金支持 |
| 雇主保证提供特定水平的退休福利 | 退休后没有保证待遇 | 雇主对 DB 部分提供保证，而 DC 部分无保证 | 退休后没有保证待遇 |
| 雇主承担全部金融风险与长寿风险 | 员工承担全部金融风险与长寿风险 | 雇主与员工分担风险；雇主承担 DB 部分的风险，员工承担 DC 部分的风险 | 雇主与员工分担风险，如计划出现赤字，降低待遇水平或雇主与/或员工提高缴费水平 |
| 雇主对支付养老金待遇负责 | 退休后雇主不承担任何责任 | 雇主只对 DB 部分的养老金待遇承担支付责任 | 如果养老金计划的融资状况发生变化，既得权益可能提高或降低，或提高员工缴费（或与雇主共同提高缴费水平） |

# 理解养老金：养老金相关的术语

理解全球范围内的"养老金危机"有难度，部分原因在于缺乏讨论养老金问题的共同词汇。

经济合作与发展组织（OECD）的私人养老金工作组构建了养老金制度分类及词汇表，旨在确保 OECD 各成员国有基础性的术语体系。据此我们将在下文介绍养老金制度分类，以帮助读者理解本书讨论的有关概念。

## 公共与私人养老金计划

养老金计划可以是公共养老金计划（由政府部门管理，如中央政府或地方政府，以及诸如社会保障机构之类的其他公共机构），或是私人养老金计划（由政府之外的其他机构管理）。"社会保障"或"老龄"养老金是公共养老金计划的典型例子。

## 职业养老金计划与个人养老金计划

私人养老金计划可以分为职业养老金计划（领取养老金的资格与雇佣关系挂钩）或个人养老金计划（与雇主无关的养老金计划）。

## 强制养老金计划与自愿养老金计划

职业养老金计划与个人养老金计划，对雇主可能是强制参加（法律要求雇主有义务参加某项养老金计划）或自愿参加（雇主可以选择是否建立某项员工养老金计划）。

**缴费确定型计划与待遇确定型计划**

职业养老金计划可以分为：缴费确定型计划，此时雇主支付确定的或固定的缴费，当计划持续运行期间遇到困难时，雇主没有义务提供额外的资金支持；待遇确定型计划，此时员工退休待遇通常与员工的报酬或薪水、工作年限或其他因素挂钩。

**何为真实的养老金？**

本书中，当我们讨论"真实的养老金"衰落这个问题时，指的是私人自愿性待遇确定型雇主养老金计划。这些养老金计划由雇主自愿设立，向员工提供退休后的确定性养老金待遇。这类养老金计划向退休员工承诺，为其余生提供一份真实的、可预测的及可靠的收入现金流。

在缴费确定型养老金计划中，雇主或雇员或双方共同向养老金计划缴费形成的基金，均投入价格波动的股票与债券市场，在领取养老金之前的投资收益将延期纳税，不存在任何形式的养老金收入保证，不会有终生收入承诺。相反，您的未来养老金收入取决于股票与债券市场价格的随机波动。（第3章帮您准确理解，养老金收入与市场随机涨跌挂钩的风险情况。）

在深入分析目前可以采用的不同类型的养老金计划之后，我们再次考察有多少将要退休的长者有真实的养老金计划。

图1.1提供了分析方法：您是否有"真实的养老金"？

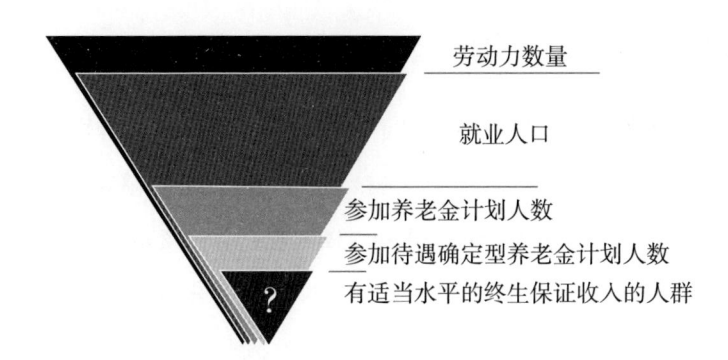

图1.1 谁有真实的养老金？

## 真实的养老金的衰落：概况

我们重点关注的所有经济体的养老金体系在金融危机以来都已经发生了改变。这些改革是之前几十年已经发生的更早期变革浪潮的延续。下面概述各经济体目前养老金制度的情况（详细的信息来源见注释部分）。

### 美国

1989年，大约60%的就业人口参加某种雇主养老金计划，其中参加待遇确定型计划与缴费确定型计划的人数占比基本相当。

在2013年（可以获得数据的最近年度），21~64岁的美国员工中有46%参加某项雇主养老金计划，但是只有26%参加待遇确定型计划，其余参加缴费确定型计划。在参加待遇确定型计划的人群中，超过一半的员工在公共部门工作。

## 英国

2000年以来，待遇确定型养老金计划的地位在英国快速削弱，特别是在私人部门。这种衰退如此快速，以至于很多观察者认为在私人部门，待遇确定型计划"已经不能作为一项制度而存在"。

在2013年度，英国有810万人参与自愿性职业养老金计划，是20世纪50年代以来的最低水平。

2013年，对于所有DB与DC职业养老金计划，略低于2/3的员工（65%，或530万人）在公共部门工作，略高于1/3的员工（34%，或280万人）在私人部门工作。与1953年（最早提供有关数据的年份）的情况不一样，当时参与职业养老金计划的员工在私人部门与公共部门工作的人数可以对半开。

对于更年轻的一代，参加DB计划的比例进一步下降。在2013年，只有38%的DB计划向新员工开放。在2014年，参加DC计划的活跃员工数量超过DB计划。

英国目前正在推进一项重大的养老金制度改革。在2012年10月，政府开始推行自动加入雇主养老金计划的制度。一旦这项任务在2018年2月完全落地，所有雇主均有法定责任将其全部合格员工纳入某项雇主养老金计划，可以是DC，也可以是DB。为支持自动加入机制，政府还建立了国民养老金信托计划（the National Employment Savings Trust，简写为NEST），是信托型的缴费确定型雇主养老金计划。

并且，在2014年3月，原来年龄超过75岁有DC养老金计划的退休人员都应当购买年金的政策要求被废止。退休时，运用 DC 计划储蓄资金的选项包括分期提款、一次性提款及年金化。

## 加拿大

在加拿大，参加 DB 计划的公共部门就业人数稳定增长，部分掩盖了过去 10 年私人部门自愿性职业养老金覆盖率大幅度下降的局面。

在 2012 年，总计有 33% 的加拿大劳动年龄人口参加某项合格养老金计划，这个比例从 2002 年以来一直未发生变化。86% 的公共部门员工加入某项合格养老金计划（2002 年以来这个数字也没有变化），但是参加养老金计划的私人部门员工的比例，从 2002 年的 27% 下降到 2012 年的 24%。

同时，参加 DB 计划的公共部门员工的比例，从 2002 年的 93% 上升到 2012 年的 94%；而参与 DB 计划的私人部门员工的比例大幅度下降，从 73% 下降到 48%；尽管私人部门还有存续的 DB 计划，但多数新员工没有参加 DB 计划的资格。

最近一项关于退休准备情况的调查发现，绝大多数加拿大人，约 80%，为退休做好了财务上的准备。然而调查发现，中高收入家庭的退休财务准备情况很差，要么参与雇主发起的养老金计划但缴费不足，要么没有参加雇主养老金计划而个人的养老资产低于平均水平。

## 澳大利亚

在澳大利亚，1992 年开始实施强制性超级年金制度，强制要求雇主向某项私人养老金计划缴费，促使很多雇主养老金计划终止。1995 年，有略微超过 4 200 项雇主发起的养老金计划；到 2010 年，这个数字下降到 168 项。

目前，澳大利亚的雇主养老金计划与其他工业化国家在两个方面存在明显区别：一是在过去 25 年养老金计划的覆盖率已经翻倍，几乎覆盖了全体就业人员；二是目前的主流养老金计划是 DC 而不是 DB。

到了退休年龄，参加超级年金计划的员工可以一次性提取积累的资产，也可以分期领取。目前，大多数积累资产被一次性领取（至少领取一部分），澳大利亚的养老金行业正在力求扭转这种情况，探索如何从这类养老金计划产生终生收入现金流。

## 新西兰

在 34 个 OECD 国家中，新西兰最早在全国范围内推行自动加入的养老资产计划。2007 年创立"新西兰储蓄"（KiwiSaver）养老资产账户制度，由于引入自动加入机制（不参与的员工要主动选择才能退出），有效提高了新员工的参与率。

目前，新西兰约 55% 的员工加入新西兰储蓄账户。到 65 岁以后，允许成员一次性提取而不要求转换为养老金。

在实施全国性的储蓄制度之前，新西兰只有不到 10% 的人参加雇主发起的养老金计划。

## 一个巴掌拍不响：关于真实的养老金的基础知识

简而言之，当前在我们重点关注地区关于养老金危机的公共讨论中，忽略了 DB 计划与 DC 计划的重要区别。目前，养老金这个术语既用于 DB 计划，也用于 DC 计划，还包括混合型计划与目标确定型计划，很多自认为参加了养老金计划的人，实际上参加的是集合储蓄与投资计划或资产积累计划，诸如 DC 养老金计划或利润分享计划。

这里，我们要明确介绍本书讨论的养老金的真正含义。养老金与以下资产不一样：一大笔钱，分散化的资产组合，在佛罗里达、葡萄牙和巴厘岛的退休住宅。我们认为，即使 7 位数的 401（k）余额、英国的 NEST、加拿大的注册退休储蓄计划（Registered Retirement Savings Plan，简写为 RRSP）、澳大利亚的 MySuper、新西兰的 KiwiSaver，以及 DC 计划余额，都不是真实的养老金。

相反，养老金包括某项有约束力的合约及某种保证。养老金计划保证向退休人员提供一份真正的、可预测的、靠谱的收入流，持续到其自然寿命结束。养老金计划不只是资产类别，还是产品类别。我们将在第 2 章介绍资产配置与产品配置之间的差异。虽然目前您对"产品配置"还很陌生，但读完本书您就会成为这个领域的专家。

真实的养老金涉及的主体不只是您本人。一支真实的养老金探戈舞涉及两方主体：您作为未来的退休人员是一方，另一方是您的舞伴，即履行承诺的责任主体。履行养老金支付承诺的主体可能是保险公司、政府部门或雇主养老金计划。不过，要称为真实的养老金，必须有人提供某种保证。没有保证，即没有养老金。

**保证与破产**

您可能会问:"保证为何如此重要?"答案是很基本的。有定量分析表明:一位未来的退休人员,可能拥有相当于预期年收入20、30或40倍的可投资资产(财富需求比为20、30或40;后文将进一步介绍这一比率)。这些资产可能高度分散化地配置到共同基金、投资项目、养老资产账户,甚至是DC养老金计划,不过退休人员仍然面临资产撑不到最后一天的风险。这是由于人的寿命的随机性和不可预测性,再加上金融市场的波动性。以退休收入规划的语言表述,缺乏有保证的退休收入现金流,受制于很高的"终生破产概率"。人还活着资产却已耗尽,就悲剧了。

具有讽刺性的是,不论是好消息(未来在医学领域的突破)还是坏消息(意料之外的通胀率或又一个10年低迷的股票市场),都会对您的未来退休收入产生负面影响。也就是说,账本上的任一侧所发生的事情,都有可能对那些即使是最富有的退休人员造成毁灭性影响。第2~4章将讨论各类风险。

**某项养老金何时不再是真实的养老金?**

您可能会想:"我有一项DB计划的真实的养老金,因此我不需要再担心。"真的吗?

正如我们之前所说,如果您有有保证的终生养老金,您的养老金探戈的舞伴应该每月不间断地给您送支票,不论是经济谷底还是金融高潮。请注意，做出这种承诺并非小事。然而，如本章开头所介绍的，从美国联合航空到北电网络等众多公司，已经违约或在摆脱有关合同责任的进程之中。其他公司通过事后降低预期月收入，给其老龄退休人员不受欢迎的财务削减。在过去几十年里，各公司已经摆脱提供养老金的责任，将问题转移到政府及员工。退休员工，本来期待从工作收入无缝转换为退休收入，却不得不耗费时间（无人付费！）与其前雇主就其养老金待遇进行抗争。雇主之前承诺的养老金无法兑现，员工的养老金舞伴已经退出舞池。

目前，真实的养老金很稀缺，也很昂贵。如果雇主可以通过申请破产来违背承诺，即使是某家金边公司承诺提供的支付退休前工资的100%，并在余生进行通货膨胀调整的DB计划，也不是真实的养老金。当前，从美国底特律与伊利诺伊州传来的故事表明，由于领养老金者和未来的退休人员面对与缩水的养老金待遇相关的多年政治争辩、破产程序与立法规定，即使形式上由州政府支持的养老金计划也容易出事儿。

**世界上不存在免费的养老金**

我们已经讨论过真实的养老金对个人的价值，我们再来讨论其成本。

为了理解目前您获得某项真实的有保证的养老金的成本，请看下面的例子。假设您现在62岁，正准备退休。您让自己喜欢的一家 A 级保险公司的代理人提供个人养老金的报价。代理人提供如下报价：为获得每年 1 万美元的有保证的终生收入，您应当事先支付 21.15 万美元（2015 年年初，使用市场利率）。是的，您没有看错：您需要预付超过期望年收入 20 倍的资金。我们演算一下。如果您需要购买 5 万美元的终生年金收入，附加每年 2% 的生活成本调整系数，您的成本大约百万美元。不，这不是想骗走您的养老资产的麦道夫类的计划，这是购买指数化终生年金的公开市场的公平价格，这类年金最像零售市场提供的 DB 养老金。如果这类养老金收入看起来太贵，公开市场价格可以告诉您真实的养老金的实际市场价格。在后续各章，我们将详细介绍您自己购买的养老金的成本，包括诸如通胀率之类的外部变量，如何影响您预期收到的现金流。

现在，您可能会想："见鬼去吧，如果我有 100 万美元养老资产，我会自己投资获得每年 5 万美元的养老金。"好吧，我们在此提醒您：世界上没有无代价的午餐。保险公司有足够理由向您收取如此高的费用。首先，相对于历史利率，目前的利率水平异常低，较低的利率提高了保证收入的成本。其次，更为重要的是，通过提供终生收入，保险公司承担了您的长寿成本超过个人资产负债表上的养老资产的风险，并在保险公司的资产负债表上体现出来。如果您有 100 万美元资产，每年只带来 5 万美元看起来不太多，但是如果您持有这样的观点，可能并未看到问题的全貌，是时候将您带回现实。养老金价格贵是因为确实有价值，即使您不这么认为。

实际上，根据"消费生命周期模型"——这是经济学家使用的一项了不起的分析框架，用于分析消费者从摇篮到坟墓的消费、储蓄与投资等方面的需求——真实的养老金的真实价值高得令人吃惊。为理解生命周期模型的运行机制，我们将它比喻为浴室的体重秤。您可以用这台秤称出某个东西的重量，即使您不直接称它。例如，如果您穿好衣服称出重量，然后脱光衣服再称，就可以算出身上衣服的重量，即使您从来没有将衣服直接放到秤上。

这个模型可以采用类似方式来测量养老金的"效用价值"，或量化感受到的好处。简化掉冗长且复杂的数学计算，这里直接引用计算结果，养老金的效用价值相当于您的净资产的一半。这一发现的含义是：一个理性的退休人员（风险规避、健康、无养老金），如果没有其他选择，宁愿持有价值 50 万美元的养老金，而不是 100 万美元的现金。是的，您的理解是正确的。这个模型表明：很多退休人员愿意支付很高的溢价将现金转换为养老金。请记住，支付意愿是经济学中的一个基本概念。我们将在第 9 章进一步探讨生命周期模型，并将其运用到养老金领域。

## 最早的真实的养老金

早在 1881 年，德国总理奥托·冯·俾斯麦（Otto von Bismarck）就创建了最早的政府向老年人支付的养老金，实际上发明了我们今天所知的待遇确定型养老金。政府向所有老龄居民支付这类老龄养老金。请注意，他并没有建立免税储蓄计划或某种团体 DC 计划。相反，俾斯麦的政策意图是要求年轻人共同缴费，供其父辈在退休时期过上有尊严的生活，就像工业革命之前由家庭赡养老人一样。风险从退休人员转移到年轻的工人，并由政府这个强大的交易对手提供支持。因此，这确实是养老金。

在进一步讨论之前有必要提醒，您可能已经有一笔最低额度的真实的养老金收入。然而，在我们重点关注的经济体中，这类政府提供的强制性雇主或社会保障性质的养老金的替代率，普遍低于退休时社会平均工资的50%。这意味着，如果您仅仅依靠它，当您到法定领取年龄时，它是无法提供足够的终生收入来源的。顺便说一句，法定领取年龄，一直在稳定地后推。相反，中等收入者从这类计划获得的养老金的预期替代率，在英国是32.6%，澳大利亚是52.3%，美国是38.3%，加拿大是39.2%，新西兰是40.6%（本书注释部分将提供详细信息渠道）。

然而，这些收入来源有内嵌的保证及风险转移机制，这是真实的养老金的标志。尽管提供的待遇水平有限，但是提供终生收入保证。这是真正的保险、金融和经济概念上的养老金。在这类保证后面提供支持的是，作为交易对手的政府。

好吧，这些事情对您意味着什么？本章的主要信息如下：尽管普通退休人员和政客们还在对私人与公共养老金计划的是非曲直进行辩论，我们要确保本书读者真正了解养老金的真实含义。不再混淆DB与DC养老金计划，也不再假想DC计划的受益人与DB计划的同伴在同一条船上。如果您有DC养老金，除非您年金化部分养老资产，否则您退休后的前景不会像参与DB计划的同伴一样平稳。最后，如果因为您有一份附带养老金计划的工作，您认为您的退休收入是安全的，那么您不仅要检查参与的养老金计划的类型及退休后的收入替代率是多少（工作收入的 60%、70%，或 80%？），还要审视在您离开办公楼 25 年、30 年甚至 40 年之后，是否安心与您的雇主分担您的退休收入的相关风险。

至此，本书剩余部分建立在 3 个核心理念的基础之上：

（1）养老金水平的降低是真实现象，而且还在加速降低。不再会有新的养老金，现有养老金正在消失，您应该认识到这种现实并有所行动。您有必要现在就为未来年度做准备，即对您的退休收入规划负责，而不是等待政治家重建 20 世纪 50 年代风格的养老金制度。

（2）真实的养老金提供必要的保证，满足退休人员的确定性需求。一项真实的养老金在某个高龄开始领取，确保提供可预测的收入，以满足退休人员的生活成本上升。这类养老金是稀缺的、昂贵的。不要低估真实的养老金的价值及其提供的保障作用，特别在您没有参加某项 DB 养老金计划的情况下（即使您并不了解养老金计划如何运作）。按照生命周期模型，真实的养老金成色十足。

（3）最后，各方花费大量精力讨论如何解决美国、英国、加拿大、澳大利亚和新西兰等国的现有养老金制度所存在的问题，但是您不应该等待改变或寄希望于别人。本书向您提供您需要的所有必备工具，来建立您自己的养老金计划，实现无忧退休生活。

## 第 2 章

# 应对长寿风险

全球大多数理财顾问与规划师实施的退休规划,通常以资产、投资和退休账户作为讨论问题的起点。讨论的重点问题是为养老存多少钱,我们认为,退休收入规划实际上应当从最终点开始倒算,即生命的终点,确实是这样。

因此,退休收入规划的最佳起点是英国的《每日电讯报》、美国的《华尔街日报》、加拿大的《环球邮报》、《澳大利亚人》或《新西兰先驱报》的讣告栏目。难道要以这种看起来令人沮丧的方式,开启对貌似人生最美好的退休时期的讨论?但是耐心一点,您很快就会明白。

找到报纸上这一两页的内容,这个栏目好像越来越长,是吗?收集几天甚至几周的报纸。拿一张白纸,冲一杯咖啡,找一支笔,安心坐下。现在,浏览每份讣告主人的生平,注意这些人的死亡年龄。好吧,除了看他们的生平及亲人,还要确保把每个人的死亡年龄圈出来。关注有些人是如何活到光辉的 95 岁,甚至可能是 100

岁，而其他人只活到70岁。在有些悲哀的例子中，有些人只活到40多岁或50多岁，甚至是20多岁或30多岁，但这样的人很少。大多数人还是有幸活到退休岁月。请把这些数字圈起来并做好记录。

下一步，新建一个表格列示那些活过65岁的人的存活年数，这是描述他们在退休阶段生活多少年的指标。不要记录那些未能活到65岁的不幸的少数人的负数值，只关心正数值。用死亡年龄减去65，将计算结果写在纸上。如果某人在85岁过世，写下20（=85－65）。如果活到97岁，写下32；如果活到66岁，写下1；如果65岁生日过世（唉，也是碰巧?），写下0。我希望您掌握了这种方法，写下一长串退休后存活年数的数字，如：27, 23, 14, 2, 7……您真棒！

不再开玩笑，如果您收集了几天或几周的此类数据，您的表格可能像表2.1。

表2.1 读讣告：他们的退休生活有多长（超过65岁）?

| | | | | |
|---|---|---|---|---|
| 20.8 | 2.3 | 12.1 | 9 | 34.2 |
| 4.3 | 20.1 | 30.3 | 27.5 | 23.4 |
| 20.7 | 4.7 | 11.4 | 20.4 | 35.6 |
| 4.9 | 20.3 | 30.2 | 30.2 | 33.9 |
| 34.5 | 29.1 | 19.6 | 20.9 | 28.8 |
| 18.8 | 24.3 | 18.7 | 19.9 | 28.3 |
| 21 | 30.2 | 40.5 | 34.2 | 17 |
| 10.3 | 6.2 | 4.2 | 24 | 17.5 |
| 8.5 | 36.3 | 24.7 | 11.8 | 0.3 |
| 26.3 | 5.9 | 26.2 | 19.2 | 14.4 |

这个表格更大，收集的数据更精确，注意到年龄后面的小数点，该表格是由QWeMA集团（CANNEX金融交易所旗下的财富

量化分析部门）的研究人员编制的。表格中有 50 个数字，显示 2014 年年底到 2015 年年初的几周内，50 位过世美国人的情况。

这些数字后面是一些曾经活着的有趣的人：一位著名的女演员、一位知名作者，还有几位政客和体育明星。我们决定保持匿名而不公布姓名，只关注表格即可。注意到有些人退休后只活了少数几年，而其他人活了几十年。您可以看到有 3 个人超过 100 岁，一位女士成功活到 106 岁（65 + 40.5）。花点时间考察这些数字的变化及分布情况，思考这个问题：您认为他们知道自己退休阶段会有多长吗？他们平均生活了多长时间？

如果计算退休后存活年数的算术平均数，也就是说，把上述数字加起来除以 50，得到的结果是 20.4。因此，这些人在退休阶段的存活年数大约是 20 年。不过有些人的退休阶段长达 40 年，有些人则仅仅几个月，差异确实很大！

统计学家长期采用一种方式来测量这种差异，他们称之为"标准差"，该指标测量一组数与其均值（平均数）之间的离散程度。这一组数字的标准差值是 11。意味着退休后的存活年数落在 31 年（20 + 11）与 9 年（20 - 11）之间的概率是 66%。

如果这种表述过于技术化，我们用图 2.1 与图 2.2 将退休后的存活年数与刚才计算的标准差以图形表达。图 2.1 展示了 65 岁的美国男性的预期余寿，而图 2.2 展示了各经济体退休人员 65 岁后的预期余寿的均值与标准差。这些图告诉您退休后存活年数的所有信息。在图 2.1 中，您看到的退休后存活年数大致表现为一种钟形曲线，犹如生活中的很多其他事情。更为重要的是，正如您看

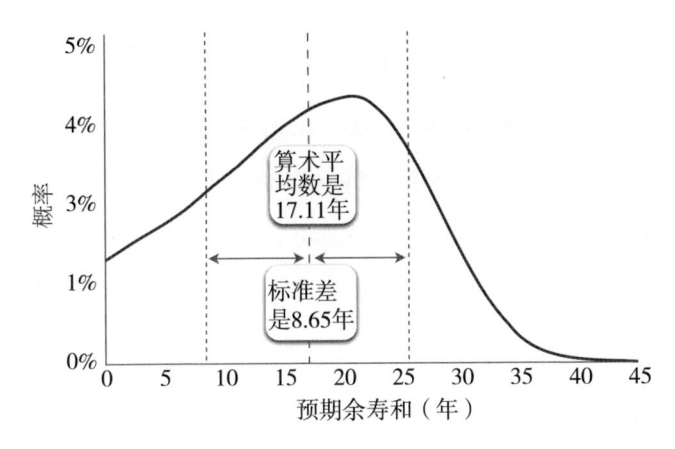

**图 2.1　65 岁美国人的预期余寿**

资料来源：由 CANNEX 旗下 QWeMA 集团根据美国 2009 年版的生命表计算得到，详细信息来源见注释部分。

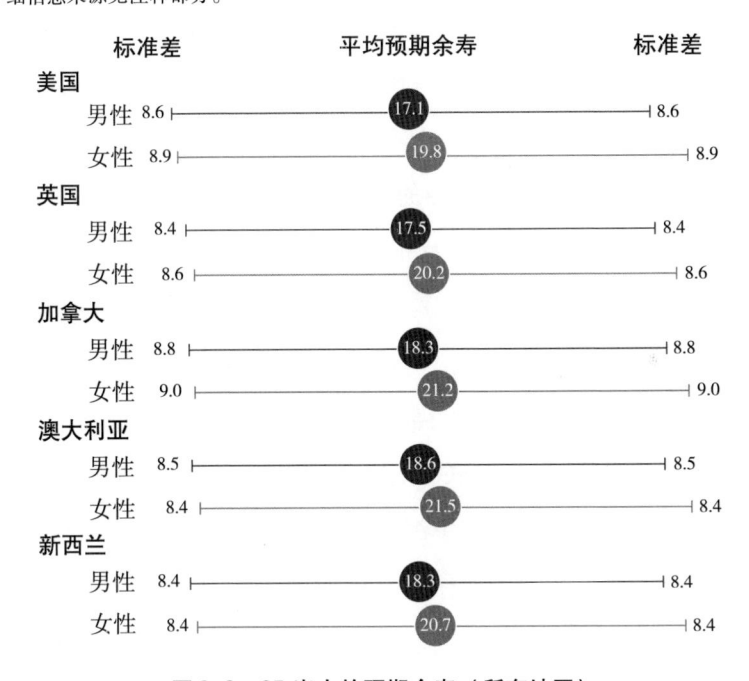

| | 标准差 | 平均预期余寿 | 标准差 |
|---|---|---|---|
| **美国** | | | |
| 男性 | 8.6 | 17.1 | 8.6 |
| 女性 | 8.9 | 19.8 | 8.9 |
| **英国** | | | |
| 男性 | 8.4 | 17.5 | 8.4 |
| 女性 | 8.6 | 20.2 | 8.6 |
| **加拿大** | | | |
| 男性 | 8.8 | 18.3 | 8.8 |
| 女性 | 9.0 | 21.2 | 9.0 |
| **澳大利亚** | | | |
| 男性 | 8.5 | 18.6 | 8.5 |
| 女性 | 8.4 | 21.5 | 8.4 |
| **新西兰** | | | |
| 男性 | 8.4 | 18.3 | 8.4 |
| 女性 | 8.4 | 20.7 | 8.4 |

**图 2.2　65 岁人的预期余寿（所有地区）**

资料来源：由 CANNEX 旗下 QWeMA 集团根据各国生命表计算得到，详细信息来源见本书注释。

第 2 章　应对长寿风险

到的，退休后的预期余寿是随机的！

现在从方差与标准差的讨论中走出来：您真的不会知道您将活多久，以及您需要多少养老钱。您的预期余寿可能长达 40 年（在曲线的右手侧），不幸的人可能短至 2 年（在曲线的左手侧）。这种波动性与股市的风险和波动性有的一比，但是您有可能理解并通过合适的资产配置，来控制您在股市的风险敞口。

**死神的抛硬币游戏**

实际上，思考您退休后活到不同年龄的方式之一，是好比与死神玩抛硬币游戏。如果出现反面，对应的数字落在平均值的左边（低）；如果出现正面，对应的数字落在平均值的右边（高）。我们不能过分强调预期余寿的随机性，还是要看现有数据。未来，医学突破、科学成就及很多未知因素都会增加这种不确定性。

为何如此？举一个例子，最近的研究似乎表明地中海式饮食模式，多吃蔬菜、水果、全谷物和橄榄油，与染色体终端的保护性结构的长度存在联系，而这个长度与长寿正相关。因此，如果我们可以推广地中海式饮食模式，图 2.1 中的整条曲线会向右移动，所有人退休后的预期余寿的平均值会上升。不过，此处假设，此时我们普遍面对的其他因素不会缩短我们的寿命。谁知道这些事情？有必要再次搬出基本假设：您的寿命与股票市场的回旋与波动一样无常。即使可以基于您的家族史、健康状况与生活习惯、性别等因素预测您的寿命，现实是您正在下一个高风险的赌注。

**长寿风险**

养老金专家，又称保险精算师，将表2.1、图2.1与图2.2中的核心概念称为长寿风险。长寿风险是您在本书剩余章节将看到的诸多产品的核心概念。"长寿风险"指您难以精确预测退休后的预期余寿的风险，因此您要为自己准备多少年的收入也不确定。麻烦的是，不像在股票市场，承担一定的风险就会对应增加一定的预期收益，长寿风险却完全无法得到补偿。活得长得不到任何财务上的回报！

思考或表述长寿风险的另一种方式是，使用表2.2那样的"概率分布"。这些数字是研究人员从美国、英国、加拿大、澳大利亚和新西兰的统计机构收集得到的，基于上万天的数百万例讣告，科学性远高于您拿着咖啡与报纸做的小实验。研究人员考虑了人口变化趋势，还做了很多其他假设。这类表格的底层统计数据超出本书的范围，但数据之间的相关性没有区别。您可以注意在未来几十年，退休后活到特定年龄的概率很高。

从表2.2中可以看出，65岁的女性活到100岁的概率在2%到4%之间，而65岁的男性活到100岁的概率低于2%。请记住，这些数字针对所有人，而不是两个特定的人。

表2.2　65岁的人存活的条件概率

|  | 目标年龄 | 男性 | 女性 | 一对夫妻中的某一人 |
| --- | --- | --- | --- | --- |
| 美国 | 70 | 89.88% | 93.56% | 99.35% |
|  | 80 | 57.58% | 69.03% | 86.86% |
|  | 90 | 18.31% | 28.85% | 41.87% |
|  | 100 | 0.96% | 2.36% | 3.30% |
| 英国 | 70 | 91.14% | 94.44% | 99.51% |
|  | 80 | 60.05% | 71.25% | 88.51% |
|  | 90 | 18.54% | 29.29% | 42.40% |
|  | 100 | 0.68% | 1.78% | 2.44% |
| 加拿大 | 70 | 91.42% | 94.86% | 99.56% |
|  | 80 | 62.43% | 73.95% | 90.21% |
|  | 90 | 22.87% | 35.14% | 49.97% |
|  | 100 | 1.62% | 3.80% | 5.37% |
| 澳大利亚 | 70 | 92.59% | 95.95% | 99.70% |
|  | 80 | 64.62% | 76.78% | 91.79% |
|  | 90 | 22.36% | 35.03% | 49.56% |
|  | 100 | 0.98% | 2.21% | 3.16% |
| 新西兰 | 70 | 92.52% | 95.35% | 99.65% |
|  | 80 | 64.08% | 74.26% | 90.75% |
|  | 90 | 21.32% | 31.67% | 46.24% |
|  | 100 | 0.79% | 1.73% | 2.51% |

资料来源：由CANNEX旗下QWeMA集团根据各国生命表计算得到，详细信息来源见本书注释。

这里我们认识到又一个关于长寿及其风险的重要观点：可以预测女性比男性活得更长。实际上，如果您认真读讹告，您可以注意到尽管有些女性在较年轻时过世而有些男性活得相对较长，但是退休后的女性的平均存活年数长于退休后的男性。实务上要求女性为更长的退休后存活年数做好规划。

**预测未来寿命**

有些读者可能会怀疑这些图表中的数据是如何得到及从何得到的,以及您是否可以依赖它做预测或规划未来。毕竟只是描述过去的人在哪个年龄去世,但是您如何预测未来的人会在哪个年龄去世呢?这是一个好问题,但是在没有出现其他任何不一样的证据时,统计学家假设历史会重演。如果过去几年的讣告产生类似于表 2.1 和表 2.2,以及图 2.1 和图 2.2 的结果,可以合理假设在 20 年、30 年或更多年后的讣告,也会表现为同样的模式。确实,平均值可能会提高,您的运气可能更好,但波动性不会改变。

我们再来看表 2.2。其中的第三列指一对夫妻中至少有一个人活到特定年龄的概率。注意,夫妻中至少有一个人活到特定年龄的概率,大于单独一个人活到同样年龄的概率。夫妻中至少有一个人活到特定年龄的概率等于 1 减去夫妻两人都去世的概率。

具体含义:如果您是夫妻之一,你们两个人中一人活到 90 岁或 100 岁(或年龄谱上任何其他年龄)的概率,大于某个人单独活到那个年龄的概率。因此,如果您是夫妻中的一方,而你们的养老资产应该覆盖您和您配偶的保障,您需要在退休规划中考虑这一联合概率,而不仅考虑某个人活到那个年龄的单独概率。

最后,我们从表 2.2 发现另一个重要细节。请注意,在所有 3

列中，数字如何随着年龄变化从接近100%到接近0。这种下降模式可以用图2.3表示。图2.3常被称为"存活概率曲线"，该图提供了清晰的视觉上的图解，表明活得更长的概率随着时间与年龄的变化而指数式下降。目前65岁的人群中，只有极少数人可以活到105岁，少数人会在75岁之前去世。图2.3表达的信息与表2.2完全一样（使用其中的美国人的数据来说明我们的观点）。

请记住，一个人非死即生，因此活着的概率与死亡的概率之和等于100%，再没有如此简单的数学题！

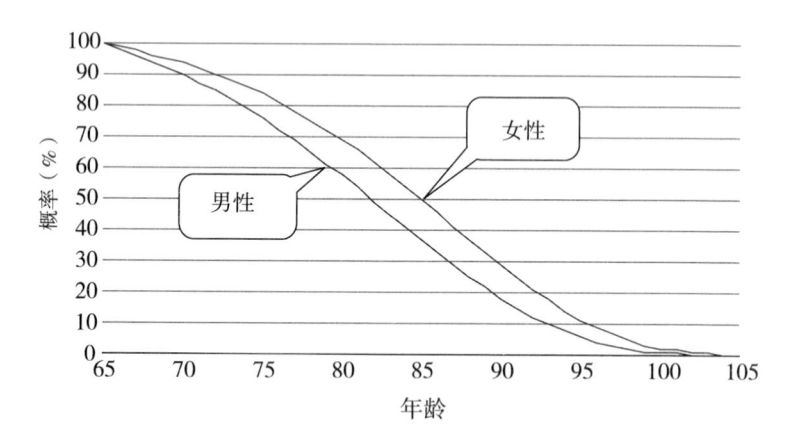

**图2.3　65岁的美国男性与女性的存活概率**

资料来源：由CANNEX旗下QWeMA集团根据美国2009年版的生命表计算得到，详细信息来源见本书注释。

## 如何防范长寿风险？

我们在前一节发现，人的寿命是随机的。这种认识使退休规划更加困难，因为我们无法提前确知何时会去世，我们需要准备多久的资金。如前所述，我们面临有限的财务资源与预期寿命之间错配的风险，被称为长寿风险。

现在您对长寿风险已经有了基本认识，了解它是什么，重要性何在。您将做一些简单的退休收入的计算。后续各章还要做更深入和更精确的计算，但是目前我们不想搞得太复杂。假设您快到60岁，正在认真考虑几年后退休。您需要多少养老金来保障退休生活？

假设此时您需要一份每年5万美元的收入或现金流，来维持您期望的生活方式。在未来各章将考虑收入所得税、通货膨胀等其他因素，进行更加仔细的分析。同样，在这里我们不想搞得太复杂。

继续分析我们的例子，如果您在退休后生活40年才去世，您需要大约5万美元的40倍，即200万美元的养老资产，暂不考虑利率、投资收益、货币时间价值等因素。但是如果退休后5年就去世了，请您回到表2.1分析此类例子，那么您只需要5万美元的5倍，即25万美元的养老资产。如您看到的情况，您需要几百万美元和几十万美元之间的差异很大，而这两个数字都有其合理性。此处存在一个问题：在最终结果出来之前，您不清楚您是需要大的数字还是小的数字。

如果您在开始退休前就能读到您的讣告，就可以非常轻松地规划您的财务方案。不过，这只是想象而已！

## 您是在头部，还是尾部？

但是，这种不确定性精确表明，长寿风险不只是变态的精算癖好，而是有明确的财务含义。考虑这个问题：您在全部的职业生涯中，尽力省下每一美元或英镑，多元化地认真配置您的资产，投入最大金额进入养老资产账户，所有这一切是为了在退休时有百万美元的养老资产。然而，过了几年退休生活之后，如果在长寿风险抛硬币游戏中得到反面，那么大多数养老资产将会给其他人。确实，如果将这些资产传承给您的亲人，可能还不至于如此糟糕，否则您何必在30年的工作期间那么省吃俭用？

考虑年龄谱的另一端：您可能建立起中等规模的养老资产，计划过平均为25年的退休生活，不过在长寿抛硬币游戏中得到正面，在65岁之后生活30年、35年甚至更长时间。这种结果意味着您要么必须降低生活水平，或者向孩子们要钱，或耗尽您的资产。不论哪种情况，都是管理退休生活的无效率方式；就像安排午餐，却完全不知道有多少客人会出席。

是否抓住要点？真的是您想要承受的风险吗？请记住：DB养老金可以防范这种风险。

至此，本书的一个基本认识是：很多退休人员面临长寿风险却手足无措。我们相信，通过养老资产年金化，可以避免这类风险，或至少可以有效管理它。即拿出您的部分金融资产并转换为养老金产品，可以在您的余生支付一份有保证的收入。年金化可以为您防范寿命不确定性及诸多其他可能遇到的风险，有些风险现在还无法把握。

好奇吗？往下看吧。

第 3 章

# 收益率发生次序如何搞砸养老规划

我们知道您心底可能在想:"是不是持有靠谱的股票与债券组合,即足以为退休生活提供资金?"毕竟,投资行业一直鼓吹,从长期看,您的最佳投资方式是共同基金。这个问题引出下行风险保护与收益率发生次序诅咒等话题。这种诅咒并不是某种古老的中世纪魔法。

很多年以来,金融服务行业的从业人员,受有些媒体甚至学术界怂恿(我们在此不点名),一直鼓吹股票与股权投资的优点,以及买入并持有的投资理论。毫无疑问,您已经看过无数图表,介绍在19世纪80年代的1美元或1英镑的投资,到2014年可能累积的投资余额。您可能还听说,在20世纪,分散化的股票投资组合扣除通胀后的复利收益率(或增长率)约为7%。这是真的,我们不想质疑这些东西。但是这些观点与退休收入规划并不相干,原因我们慢慢道来。

## 资产能够持续多久？

可能您快要退休，持有总金额为 50 万美元、100 万美元或更多的养老资产。不论短期国债及金融市场之前如何波动，您现在得往前看，而不是回顾，您准备将您的养老资产账户转变成终生收入。我们假设尽管您已经读了本书前面的章节，您还是不准备考虑购买个人养老金。相反，您计划使用金融行业的定期提款计划（Systematic Withdrawal Plan，简写为 SWP）来构建退休收入规划，您可以通过出售 SWP 中或多或少的资产份额，获得稳定的月收入（类似反方向的定额投资计划）。

## 何为定期提款计划？

定期提款计划（SWP）包括资产配置组合与定期提取固定金额两个方面，而不考虑组合或投资价值的波动情况。

SWP 的基本特征是不对您的投资组合中的资产收益率提供任何保证，无下行风险保护，也没有防范长寿风险的机制。

SWP 可以被视为定额投资计划（Dollar Cost Averaging Plan，简写为 DCA）的对称物，在 DCA 中，自动、定期投资固定金额用于购买股票或共同基金份额，而不考虑价格。SWP 与 DCA 方向相反。尽管 SWP 本身不是一种金融产品，却被视为可以发挥养老金的同样作用，即在账户中的钱耗尽之前，每月提供现金流。

您可能问自己的第一个问题是："我的资产组合能支撑多久？"我们举一个简单的例子来回答这个问题，假设退休时储蓄的养老资产为10万美元（注意，我们介绍的例子适用于任意规模的养老资产及任意货币单位）。

如果您采用固定提取方式（始终提取固定金额）并获得给定的收益率（投资收益率不发生波动），利用计算公式可以精确地算出您的养老资产可以持续多长时间。

例如，如果您现有10万美元资产，每月提款额为750美元（每年9 000美元），名义投资收益率为7%/年（0.5833%/月），您的养老资产在259个月内就会耗尽。这个名义投资收益率未扣除税收、投资费用及通胀率等。您从65岁开始这么做，在86岁时注定会耗尽资产。图3.1演示了您的资产稳定及可预测地走向耗尽的过程。

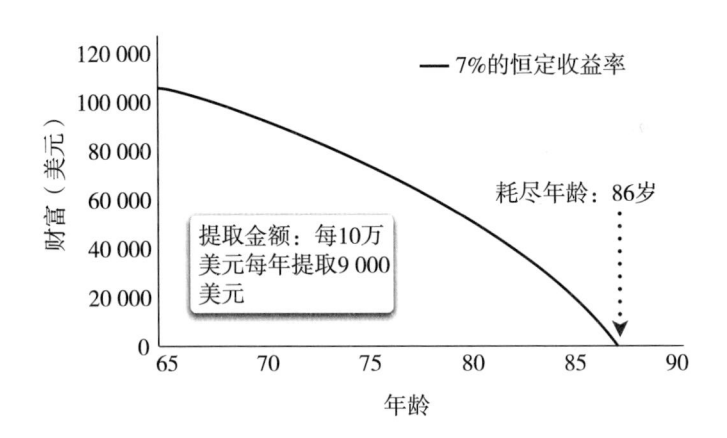

**图3.1 定期提取金额及恒定收益率条件下的资产耗尽过程**

在此情况下，我们有绝对把握算出您的资产耗尽之日。金融教科书告诉我们，贴现率为 0.583 时，260 期的 750 美元的现值恰好等于 10 万美元。因此，您的 10 万美元可以撑到 86.5 岁。如果您计划刚好活到 86.5 岁，则平安无事。顺便说一下，如果有 20 万美元，则每年可以提款 1.8 万美元；如果有 30 万美元，则每年可以提款 2.7 万美元，以此类推。

当然，如果您计划提取较低的金额，如每月 625 美元（或每年 7 500 美元），资金将在 466 个月后耗尽，对于同一位 65 岁的退休人员，其养老资产可以维持到 100 岁之后（贴现率为 0.583 时，465.59 期的 625 美元的现值也等于 10 万美元）。

因此，如果您确实知道自己何时去世，并确知您的终生投资收益率是多少，您可以设计完美的退休收入计划。

但是，如果您（假设是 65 岁退休人员）不是每年都获得稳定的 7% 的收益率，而是在退休期间获得算术平均值为 7% 的收益率，情况会怎么样？这笔钱能维持多久，最终结果会如何变化，最终结果取决于哪些因素？

需要强调，现实中投资收益率会发生波动，即使平均年收益率确实是 7%，您也不能就此假设每年都获得 7% 的收益率。例如，在美国股市，以标准普尔 500 指数为代表，2008 年的收益率为 -38.47%，2009 年为 23.49%，2010 年为 12.64%，2011 年为 0，2012 年为 13.29%，2013 年为 29.60%，2014 年为 11.39%。这 7 年的算术平均值为 7.42%，但是任何一年的收益率都与这个平均值相差甚远。

因为有很多方式可以产生 7% 的年平均收益率，我们将仔细分析这个问题。假设年投资收益率发生周期性的变化。图3.2用一个简单三角形图解如何产生这个收益率，三角形的每一个交叉点代表不同年度的收益率。

"顺时针"变化的收益率

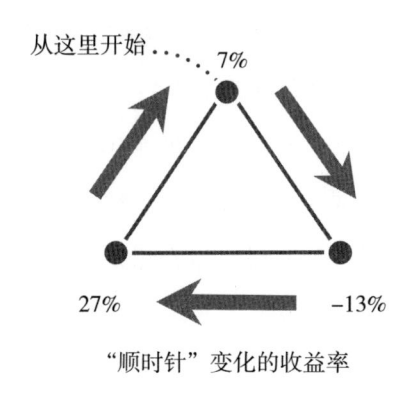

图3.2　获得算术平均收益率7%的图解

## 顺时针变化的投资收益率

从图3.2可以看出，在退休后的第1年，资产组合获得7%的收益率，退休后第2年的收益率为-13%，退休后第3年的收益率为27%。这3个数字的算术平均数正好是7%，计划的提取金额还是前面例子中的750美元/月。在第4年再开始新的周期，并且每3年循环一轮，直到养老资产耗尽，钱没有了。此处讨论的是百万美元的问题：

您认为耗尽资产的时间是早于还是晚于前面的例子？当时考虑的是每年都获得7%的收益率。

如果您认为答案是更早，您答对了。确实，因为您开始退休的第 1 年，在产生很高的正收益率（+27%）之前是负收益率（-13%），您耗尽资产的时间会整整提前 3 年，即 83 岁。在第 3、6、9 年（以此类推）获得 27% 的收益率，不足以抵消在第 2、5、8 年（以此类推）获得的 -13% 的收益率。类似地，在某一年牛市中获得 20% 的收益率，并不能弥补前一年熊市中 20% 的投资亏损；前一年发生 50% 的亏损，后一年要获得 100% 的收益率才能弥补。

请注意，尽管在周期变化的收益率情形下，不能使用简单公式计算资产耗尽时间，但是也可以像恒定收益率情形一样精确计算出结果。不过，您必须采用手工方式计算，我们称之为"暴力"（brute force）方式。

下面介绍如何计算资产耗尽时间：

- 拿出一张纸和计算器。起点是 10 万美元，设定在第一个月获得 0.583 3% 的收益率；资产余额是 10 万美元 × 1.005 833，或 100 000 ×（0.07/12 + 1）。
- 然后提取 750 美元，剩余资产在第二个月获得 0.583 3% 的收益率。
- 如此计算 12 个月，随后按月收益率 -1.083 3% 再计算 12 个月，对应的年名义收益率是 -13%。
- 随后，按月收益率 2.250 0% 再计算 12 个月，对应的年名义收益率是 27%。

每 36 个月循环一次：一开始是 12 次的 0.583 3%，随后是 12

次的-1.083 3%，最后是12次的2.250 0%。您会有一串很长的收益率数据，用图形表示见图3.3，账户余额在83岁生日过后不久最终变成0。此时，收益率是按"顺时针"变化的平均值7%，结果比每年获得恒定的7%的收益率更差。

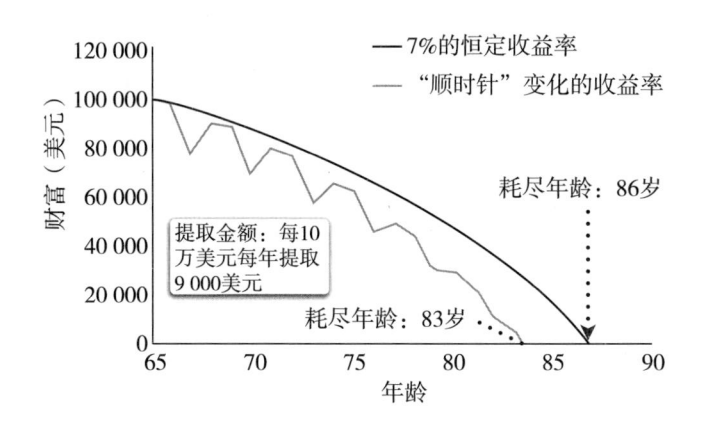

图3.3 收益率按"顺时针"变化时的资产耗尽过程

## 逆时针变化的投资收益率

如果沿着三角形的反方向依次变化会发生什么？换句话说，如果先是7%，随后是27%，再然后是-13%，并多次重复会发生什么？图3.4与图3.2是同样的三角形，只是箭头的方向相反。

请注意，不论您开始退休并提款时三角形转到哪条边，投资收益率的算术平均数均为7%。然而，此时耗尽资产的年龄是89.5岁，而不是86.5岁（恒定收益率）与83.33岁（顺时针变化）。因此，此时在获得负收益率之前获得最高收益率，比每年都获得

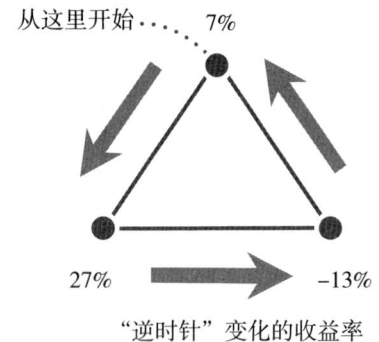

图 3.4 收益率发生次序逆转

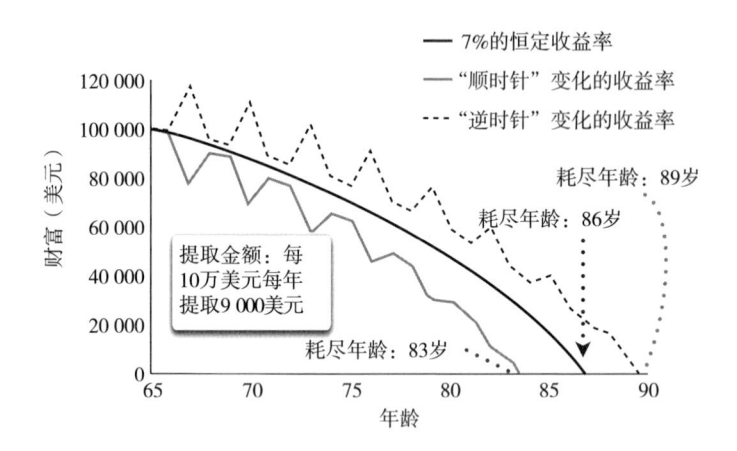

图 3.5 收益率按"逆时针"变化时的资产耗尽过程

7%的收益率更好，您可以比获得恒定的 7% 收益率时赚到更多钱，见图 3.5。

我们继续前行之前，需要指出，如果我们从 –13% 或 27% 开始，而不是之前分析中将起始年的收益率设定为 7%。例如，如果收益率变化次序依次是 –13%、7% 和 27%，耗尽资产的年龄最早，是 81 岁；如果从 27% 开始而不是 7%，将到 94.92 岁时才耗尽资产，这是我们考察的所有可能情形中的最大值。

最后，表3.1归纳了各种不同的收益率发生次序对应的"耗尽年龄"（资产耗尽时的年龄），以及与以7%的恒定收益率为基准的"耗尽年龄"之间的月数差异。您将发现，这种收益率排序造成的差异会很大，最早耗尽年龄与最晚耗尽年龄之间的差异长达14年。

表3.1 在退休旋转木马游戏中您的终点站在哪里？
收益率发生次序对资产组合维持时间的影响

| 收益率发生次序 | 耗尽年龄 | +/-月 |
| --- | --- | --- |
| +7%，+7%，+7%… | 86.5 | — |
| +7%，-13%，+27%… | 83.3 | -38 |
| +7%，+27%，-13%… | 89.5 | 36 |
| -13%，+7%，+27%… | 81.1 | -65 |
| +27%，+7%，-13%… | 94.9 | 101 |

## 三角形、熊市与牛市：退休收入马戏

确实，市场不会按完美的三角形运行。通常认为，股票市场、利率和收益率会按周期变化。这些周期，包含大量事后才能看清的"噪声"，即随机的、无意义的价格与成交量的变化，很难事先预测或计算。然而，这种周期变化会对您的退休收入的可持续性产生重大影响。

如果您在市场下行进入熊市周期时退休，您开始从一个分散化的投资组合中提款，您的资产组合的寿命则处于危险之中。

这种相对明显的现象，通常被称为"收益率发生次序的风险"。在"退休风险区"，即您退休前后的几年，您的存量资产规模最大，剩下的工作年限很少，此时您从市场下跌中恢复的能力最小，对不利的收益率发生次序造成的负面冲击的风险最为敏感。

## 分仓策略能否战胜不利的收益率发生次序？

不论我们说了什么，您可能会想："我可以将我多年必需的资产进行安全投资，以防范不利收益率发生次序的风险。如果其他资产下跌，在市场恢复之前我就持仓不动。"这种策略被称为"分仓策略"，将退休后前几年的必需资产放在安全的"仓库"中，与资产组合的其他资产隔离。这种策略很多人都用过，如将所有零钱都用一个罐子攒起来，最终会有足够多的钱买下某个东西。但是退休可不一样，因为没有人知道何时安全的"仓库"会用空。因此，尽管这种策略貌似安全，实际上却使您的养老资产承受更高风险。

我们这样想吧，如果一开始您持有50%的现金与50%的股票，计划在退休前几年从现金仓库中提款以满足退休生活需要。那么，随着您的现金仓库中资产的减少，您的总资产组合中，股票的持有比例会越来越高。在退休收入规划中采用分仓策略，会影响您的总体资产配置，当您的现金仓库中的资产逐渐减少，总体股票持有比例及波动率就会上升，股票相关的风险会随时间波动。此时，如果您面临不利的最初收益率发生次序，您不得不用光全部现金资产，您会发现在退休期间持有100%的股票资产，并有可能陷入熊市。您用收入稳定性换取了资产的不稳定性。不要让错觉糊弄您，不宜假想您的养老资产组合的安全性超越实际水平。

那么，如何防范收益率发生次序的风险？采用我们之前已经提及、随后还会继续介绍的年金化策略，即将您的养老资产的一部分转换为有保证的终生收入，则您的养老资产可以积少成多。我们将在第二部分详细讨论该策略，在此之前，我们在下一章还要讨论另一种风险。

# 第4章

# 通货膨胀：大额资产的幻觉

到了这里，您可能会想我们何时会提供详细的案例，指导您如何年金化养老资产，以及在可以利用的众多退休收入产品中配置养老资产。不过，在那么做之前，要讨论涉及资产的一个基础性问题——通货膨胀。本章将分析如何确保您的养老资产在您支出之前不会消失。

您一定听说过"一鸟在手胜过双鸟在林"。虽然这句老话并不针对通货膨胀，但确实比较适合，因为今天的 1 美元胜过明天的 1 美元，而这两者都远胜于 20 年后的 1 美元。为什么会这样？因为当初相同的 1 美元，随着时间的推移，购买力会大幅度下降。确实，这种购买力损失在几周、几月或几年的时段内可能并不明显，但是在几十年内则很显著，而退休期可能是 30～40 年。

举个例子吧，您可能记得 20～30 年前的一张邮票、一打鸡蛋或一包牛奶的价格，可能只是当前价格的零头。实质上应该归咎于通货膨胀：导致货币价值随时间衰减，就像腐烂的鱼与变质的蛋。好吧，我们继续。

表4.1展示了美国、英国、加拿大、澳大利亚和新西兰在过去50年内，按照每5年间隔的年度通胀率。第一列是所考察年份，其他各列是当年的通胀率，列示消费价格指数（CPI）的变化情况。表4.2分析了1965年的1美元或1英镑（以及其他货币）受通货膨胀的侵蚀性影响。

**表4.1　1美元随时间的贬值情况**（平均几何通胀率，1965—2013年）

| 年份 | 美国 通胀率（%） | 英国 通胀率（%） | 加拿大 通胀率（%） | 澳大利亚 通胀率（%） | 新西兰 通胀率（%） |
| --- | --- | --- | --- | --- | --- |
| 1965 | 1.7 | 4.5 | 2.5 | 4.0 | 3.4 |
| 1970 | 5.9 | 7.9 | 3.4 | 3.9 | 6.7 |
| 1975 | 9.1 | 24.9 | 10.8 | 15.1 | 14.5 |
| 1980 | 13.5 | 15.1 | 10.2 | 10.1 | 17.1 |
| 1985 | 3.6 | 5.7 | 4.0 | 6.7 | 15.4 |
| 1990 | 5.4 | 7.0 | 4.8 | 7.3 | 6.1 |
| 1995 | 2.8 | 2.7 | 2.2 | 4.6 | 3.8 |
| 2000 | 3.4 | 0.8 | 2.7 | 4.5 | 3.0 |
| 2005 | 3.4 | 2.0 | 2.2 | 2.7 | 3.0 |
| 2010 | 1.6 | 3.3 | 1.8 | 2.8 | 2.3 |
| 2013 | 1.5 | 2.6 | 0.9 | 2.4 | 1.3 |
|  | 3.9 | 5.4 | 3.9 | 4.9 | 5.7 |

注：英国1965—1988年的数据是零售价格指数（RPI），而不是CPI。1965—1988年，英国政府使用RPI作为官方通货膨胀指数。1965—1988年的RPI数据从英国统计局出版的2001年版的《统计年鉴》中摘录。www.ons.gov.uk，2015年1月15日取数。

资料来源：《通货膨胀与消费价格指数（年,%）》，世界银行、国际货币基金组织编写的《通货膨胀与金融统计数据汇编》，http://data.worldbank.org/indicator/FP.CPI.TOTL.ZG/countries，2015年1月15日取数。

表4.2　1965年的1美元或1英镑现在价值多少？

| 年份 | 美国 | 英国 | 加拿大 | 澳大利亚 | 新西兰 |
|---|---|---|---|---|---|
| 1965 | | | | | |
| 1970 | | | | | |
| 1975 | | | | | |
| 1980 | | | | | |
| 1985 | | | | | |
| 1990 | | | | | |
| 1995 | | | | | |
| 2000 | | | | | |
| 2005 | | | | | |
| 2010 | | | | | |
| 2013 | | | | | |

注：英国1965—1988年的数据是RPI，而不是CPI。1965—1988年，英国政府使用RPI作为官方通货膨胀指数。1965—1988年的RPI数据从英国统计局出版的2001年版的《统计年鉴》中摘录。www.ons.gov.uk，2015年1月15日取数。

资料来源：《通货膨胀与消费价格指数（年,%）》，世界银行、国际货币基金组织编写的《通货膨胀与金融统计数据汇编》，http://data.worldbank.org/indicator/FP.CPI.TOTL.ZG/countries，2015年1月15日取数。

通胀率的统计数据由各国政府部门收集，在大多数金融机构的网站上很容易找到。

从表4.1中可以看到，在1980年，年度通胀率数据为10%～17%，10年后为5%～7%，2000年为1%～5%。我们发现，在几年的平静期之后，就会有几年突然高企的通胀率。您还会发现平均通胀率的误导效果。例如，各国在 1965—2010 年的几何平均通胀率为 3.9%～5.7%，您会发现在这段时期的这些国家中，通胀率的低点小于 1%，高点居然到 25%。

表 4.2 用图形表示了这种贬值过程。1965 年的 1 美元或 1 英镑，会随时间推移，每年持续贬值。请注意，在 50 年期内购买力的下降幅度可能高达 95%。如果您将 100、1 000 或 10 000 美元或英镑在存钱罐放 50 年，最终的购买力可能不到当初的 5%！尽管我们不能确知未来通胀率的情况，不过没有理由相信这种贬值过程会在某个时候停止。虽然央行总是承诺会维持温和的通胀率，但是您是否相信央行能完成这项任务？您能相信它们定义的通胀率？更为重要的是，总体意义上的通胀率数据是否真的适合您？我们随后将讨论这个问题。

## 对退休人员意味着什么？

当您年轻时，工资形式的收入倾向于随通胀率提升。您的工资往往会以正的实际增长率（扣除通胀率后）逐年增长，换句话说，您的收入增长率高于通胀率，因此通胀在就业生涯中的威胁并不太大。如果通胀率上升，您可能向雇主要求提高工资或索取红利，以补偿生活成本的上升。

但是，在退休规划领域的情况有很大差别。过去数年我们看到相对较低的通胀率，可能误导我们感受到一种虚幻的安全感，因为人们可能容易忽略较低的数字。但是，从长期来看，通货膨胀可能对您的财务状况产生致命威胁。如果您不知道通胀率，没有采取措施补偿通胀风险，情况会更为严重。确实，我们年老时面临的一项主要风险，就是尚不清楚与年龄相关的个人通胀率。

现在考察退休收入领域的通胀问题。表4.3介绍了那些看起来比较温和的通胀率在较长时期的影响。目前，我们不知道未来的通胀率的情况，这张表只给我们介绍了一些关于补偿的要点。

表4.3 通货膨胀：1 000美元的真实购买力　　　　　　　（单位：美元）

| 时间 | 通货膨胀率 | | | |
|---|---|---|---|---|
| | 0% | 1% | 2% | 4% |
| 第1年 | 1 000 | 990 | 980 | 961 |
| 第5年 | 1 000 | 951 | 905 | 818 |
| 第10年 | 1 000 | 905 | 819 | 670 |
| 第15年 | 1 000 | 861 | 741 | 548 |
| 第20年 | 1 000 | 819 | 670 | 449 |
| 第25年 | 1 000 | 779 | 606 | 367 |
| 第30年 | 1 000 | 741 | 549 | 301 |
| 第35年 | 1 000 | 705 | 496 | 246 |

注：按月计算复利。

下面介绍如何看这张表。假设您退休后每个月均获得一张1 000美元的养老金支票，但是这张支票的金额不随通胀率调整。这意味着您的名义收入保持在1 000美元，即支票面值始终保持在1 000美元，但是该支票的真实购买力随时间变化稳定下降。因此随着您变老，同样金额支票的购买力会下降。这张表精确地表明1 000美元按照当前币值的购买力，取决于随后的每年通胀率。

请注意，当每年的通胀率从2%上升为4%时，25年后1 000美元的购买力将下降40%。25年是一对新退休夫妇退休后预期余寿的中值，通胀率从2%上升为4%是可以接受的通胀率的合理值。

因此，假设您在第1年用1 000美元买鸡蛋，每只鸡蛋的价格是第1年的1美元，您可以买1 000个鸡蛋。如果鸡蛋的真实价格保持稳定，年平均通胀率是2%，那么25年后，您用1 000美元只能买606个鸡蛋。如果通胀率上升为4%，25年后您只能买367个鸡蛋。您本人可能对鸡蛋不感兴趣，未来买更少的鸡蛋也无所谓，但要点是，这种情况适用于您可能消费的所有物品，从汽油、飞机票、处方药到宠物食品。

## 不同个体的消费价格指数

截至目前，我们只讨论了一般性的通胀率，不过，如果考虑您个人的通胀率，情况会更加有趣。在美国，劳工部已经为老年人建立起一整套实验性的通货膨胀指数，称为CPI-E，旨在更好地反映超过62岁的美国老人的通胀率。

您可能会问，为什么老年人的通胀率会不一样，通胀率是如何估测的？这些问题的答案取决于消费习惯。追根溯源，某种意义上，统计人员基于我们花钱的方式来测算通胀率。

其测算原理大致为：通货膨胀统计人员每月测算成百上千项物品的价格。部分物品价格上涨，而其他下跌或维持不变。在计算 CPI 时，不同物品的权重指特定项目支出与价格变化对总体 CPI 的影响程度，反映我们的总体消费习惯。如果典型消费者花在香蕉上的钱是花在牛油果上的钱的 3 倍，那么在计算指数时，香蕉的权重即为牛油果的 3 倍，而不会考虑您本人对香蕉过敏却酷爱牛油果。

美国针对城市蓝领工人与办事人员的居民消费价格指数（CPI-W），反映了这个群体的消费习惯，该群体占美国人口的 32%，该指数从第一次世界大战后开始发布，用于工资谈判，随后一直连续发布。分析 CPI-W，我们发现，蓝领工人在食品饮料方面的花费超过服装方面花费的 4 倍，住房方面的花费超过娱乐方面花费的 8 倍，等等。长话短说，在美国，常规性 CPI-W 与针对老年人的 CPI-E 中，不同物品的相对重要性存在差异。

例如，CPI-E 中医疗费用的权重是 CPI-W 的 2 倍，因为老人在医疗费用方面的支出比例更高。相反，40～50 岁的美国人在食品与酒方面的开支超过医疗方面开支的 3 倍。但当他们接近 80 岁时，在食品与酒方面的开支只是医疗开支的一部分。毫不奇怪，诸如英国与澳大利亚等其他国家，研究分析了退休人员感受到的通胀率是否不同于未退休人员，并计划为退休家庭发布特定通胀率数据。

**CPI 是否反映支出情况？**

尽管只有美国发布 CPI-E，但同样的问题适用于其他任何国家。基本观点是：适用于特定消费群体的通胀指数，并不一定适合您。确实，研究人员发现，普遍意义上的 CPI 并不是测量单个家庭面临的价格上涨的合适指标，相当高比例的老年人家庭感受到的通胀率比 CPI 要高很多。

这有何意义？正如前面所说，最近几年总体通胀率一直相当低。但是即使在这种低通胀率的环境下，部分商品与服务的成本也有所上升。最近价格涨幅超过官方通胀率的例子包括医疗服务、汽油、其他交通与旅游相关的费用，以及很多食品项目（包括鸡蛋！）。

由此得知，即使总体价格水平较低，必需品与非必需品的成本却有可能都会上升。

通货膨胀对退休人员的影响更大。但是，我们在这里并不是引导您在退休收入通胀率假设中再增加几个百分点。事实是，有些机构着手为退休人员编制通货膨胀指数，需要指出特定个人的通胀率会不一样。毕竟，如果可以有 CPI-W，为何不能有我的 CPI 或您的 CPI？取决于您的居住地、支出方式、年龄甚至性别，您的个人通胀率会不同于平均水平。事实上，在英国，国家统计局会提供一个官方版的个人通胀率计算器，旨在帮助使用者理解个人通胀率如何受到消费习惯的影响。

## 对退休支出进行真实性审查

对于退休收入规划，通货膨胀问题绝对很重要。您针对通货膨胀可做两件事，也只有两件事：按真实情形思考，并投资真实产品。我们仔细分析这两件事。

首先，按真实情形思考。当您估计预期生活需求时，确保制定预算时考虑通货膨胀的贬值效果。如果您认为每月需要 5 000 美元的生活开支，确保第 2 年按 2%~4% 的幅度增加，第 3 年再按 2%~4% 的幅度增加，以此类推。实际上，我们将在本书第三部分专门考虑这个问题，介绍年金化养老资产的 7 个步骤。

同样的问题适用于投资收益率。如果有人承诺给您 5% 的投资收益率，您应当考虑通胀率而减少几个百分点。

其次，投资真实产品。除了按真实情形思考之外，您应当投资那些与生活成本同步上涨的产品。有些投资实际上盯住通货膨胀率，并基于 CPI 数据支付利息或分配红利。对于这些产品，通胀率越高，您收到的投资收益率也越高。例如，有人承诺给您 4% 的真实收益率，而通胀率为 3%，那么您可以得到的收益率是 7%。这类产品有真实收益率债券、盯住通胀率的年金及类似金融产品。请记住，如果您投资这类金融产品，您就遵循了我们"按真实情形思考"的部分建议。

还有一些投资品种所提供的收益率与通胀率弱相关，但并不提供按通胀率调整的收入。这类产品的例子有高度分散化的股票投资组合。相对于总体通胀率，从长期看股票收益率可能会超过通胀率，但在短期的离散性可能很高，也就是说，您的收益率可能出现异常波动，完全与通胀率无关。

最后，您可能需要用一组产品来防范通货膨胀效应。您可以选择购买指数化年金，如果适合您的话。然而，这只是防范通货膨胀风险的方法之一，请记住您的个人通胀率可能高于或低于指数化增长率。重要的是，您需要意识到真实通胀率、预测长期通胀率的难度，以及您可以用来防范通胀影响的具体措施。

## 到目前我们学到了什么？

我们已经读完了第一部分。到目前为止我们学到了什么？我们分析整个退休过程中可能遇到的新风险：长寿风险、收益率发生次序的风险、货币贬值或通货膨胀的威胁。

我们还讨论了通常您可以用于防范上述风险的措施：投资那些将风险从您的个人资产负债表转出的金融产品，按真实情形思考。这些建议虽然有帮助，但过于零碎，实用性不强。人们在做退休规划时，需要一种综合性的策略，整合运用各种可用产品，防范退休期间的各类新风险，并通过某种方式有效配置养老资产。我们将在第二部分介绍相关内容，将所有知识整合成一种已有数百年历史的现代解决方案。

# 第二部分

# 构建可持续的个人养老解决方案

## 历经数百年的现代方法

# 第 5 章

# 超越资产配置：三大产品类别打造养老资产的新篮子

在本书第一部分，我们回顾了人们在临近退休时将会面临的各种新风险。既然我们可以预见到这些风险正在逐步逼近，那么该如何保护自己免遭这些风险带来的不利影响呢？

在这一部分我们将介绍：有助于提升资产配置效果，从而确保安度晚年的产品配置新方法；分析养老金的真正功能；帮您计算退休收入可持续性系数（Retirement Sustainability Quotient，简写为RSQ）；针对您的退休目标提出您可能会遇到且必须回答的难题。是不是很好奇？那么开始吧！

**产品配置：养老资产的新篮子**

到目前为止，我们已经讨论了养老金水平的降低和对年金化收入的需求。我们已经告诉您当您完成财务规划的积累阶段，开始使用您的资产养老时，可能会面临的各种新风险。尽管前面几章重点介绍的资产配置在财富积累阶段有价值，但还不足以保证您能顺利进入和度过退休生活。

现在，您已经为退休做了很多准备工作。今天，如果您的理财顾问问您："您想把多少钱配置在股票上，多少钱配置在债券上？"您可能会有一个答案。如果他问您："您想把多少钱配置在国内股票上，多少钱配置在海外股票上？"您可能也会有一些想法。如果有人问您："您想重点投资价值股（如可口可乐）还是成长股（如谷歌）？"您可能也有自己的主意。

但是，如果理财顾问问您："您想把多少养老资产配置在年金上？您想在什么年龄开始年金化您的财产？退休时您希望有多少年金化的收入，您的养老金缺口有多大？"您知道如何回答这些问题吗？

这些都不是资产配置的问题，而是产品配置的问题。

什么是"产品配置"？它指的是将您的金融资产配置到不同类别的金融和保险产品上，用来保护您抵御退休后可能面临的各类新风险。不同的资产类别，例如股票和债券，有不同的风险收益特征，在相同的经济环境和经济周期下表现各异。同样，不同的产品类别在相同的条件下也表现各异，从而保护您的财务安全，规避各种风险。

## 三大产品类别

目前，可以将退休收入产品分为三大类别：

- 首先，是传统的共同基金、交易所交易基金、股票账户和其他以资产积累为目标的账户，它们提供资产增长的潜力，但不提供终生收入保障。人们可以定期出售这些账户中的资产份额来提取养老金收入。人们期望这些基金的收益率高于通胀率，从而足以抵御通胀风险。它们还能保持流动性（当您需要的时候可以转化为收入），并留下一份遗产。

- 其次，还有一些产品用于提供终生收入，包括待遇确定型职业养老金计划、公共退休收入计划和个人可以购买的生命年金产品。配置这类产品可以帮助人们抵御长寿风险，但通常以完全不可逆和流动性差为代价。购买终生年金是单向的：一旦您安排资金购买了终生年金，您就不能撤销这项决定。无论您是在退休前、退休时或退休后购买此类产品，您都可以把它们看作提供终生收入的年金产品。

- 最后，还有一些金融工程产品介于这两个类别之间。这些产品是现代的按顺序获得收益保护的投资，其中最常见的是附带生存利益保证的变额年金（称为"附 GLB 的 VA"），以及附带生存利益保证的固定指数年金（称为"附 GLB 的 FIA"）。这些产品既提供保证性收入（类似第二类中的终生年金），又会暴露在股市风险中（像第一类中的投资账户）。从本质上来说，"附 GLB 的 VA"类似于每年承诺待遇支付的共同基金投资组合；而"附 GLB 的

FIA"相当于与受益人签订一个合同，约定根据股市的市场指数表现为合同持有者提供一个年度收益率。这类产品的优点类似于油电混合车，可以根据不同的条件在汽油或电力之间进行切换。

需要明确的是，这三大类产品是对现有退休收入产品的归纳和总结。随着退休收入规划的不断发展，我们预期有更多的新产品会进入退休收入领域，也期待在现有产品上增加更多新功能和新特点。在接下来的几章中，我们将依次介绍这几大类产品，以及如何运用这些产品提供养老金收入。但归根结底，它们之间的差异在哪里？

## 退休收入产品光谱

请将上述三大类产品想象成退休收入产品光谱上的3个点。在其中的一端，您可以找到终生支付的年金（或称为"终生年金"）及待遇确定型养老金计划，无论市场条件如何变化，它们都将提供可能根据通胀率进行调整的确定终生收入，并且在年金领取人去世时不留残值。

在光谱的另一端，是不承诺收入保证的产品，如股票和共同基金。人们通常认为来自这些渠道的养老金收入构成他们的养老资产，这些投资通常由个人持有和控制。在这类产品中，您可能会持有缴税的、延税的或免税的共同基金、单位信托基金、交易所交易基金，以及各类股票、债券、定期存款等产品。在不同的市场条件下，这些投资资产的市场表现也不尽相同，因此人们经常谨慎地进行资产配置，力求提高收益率并降低波动率。但这类资产有一个共同点就是，其资产价值通常无法承诺且随时波动。

在光谱的中间是新推出的一类产品：它们介于不承诺收益的金融产品和承诺收益的金融产品之间，兼具这两类产品的特点。这类产品通常会支付一个保底的终生月收入（类似于终生年金），此外也存在一定的市场风险。虽然如前所述，有几个不同的（笨拙的）缩写指代这些产品，但在这些产品中，我们将重点了解附带生存利益保证的变额年金产品。

附带生存利益保证的变额年金可视为在第一类产品和第三类产品之间摆动的钟摆，依据市场条件和您的收入需求，在提供年金化收入和资产增值之间切换。附带生存利益保证的变额年金从一边摆到另一边，在这一边像是共同基金，摆到另一边却像终生年金，但永远无法超越任何一方的绩效。当股市好的时候，附带生存利益保证的变额年金模拟共同基金的投资业绩，但其投资业绩永远无法赶上（无收益保护的）基金，因为要做到保证终生收入，需要被保证人支付更高的管理费用。这大概要减少您1%的投资回报率。同样，当市场处于恐惧、股价下挫时，附带生存利益保证的变额年金更像一个收入年金，但不会产生在提供终生收入年金产品中能得到的8%、9%，甚至10%的收益。当然，附带生存利益保证的变额年金产生的投资收益低于共同基金和收入年金，理由很明显，因为这类产品允许您根据市场条件进行切换。用金融专业人士的话来说，您得到一个选择权，可以在两个情况中做出最佳选择，但这种选择权也有成本！

每个大类产品下的具体产品都有其优点和不足，因此您可以进行分散配置，不依赖于某一类产品。这样做可以让您捕捉到上涨的机会，并最小化下行风险。

## 如何组合这些产品类别？

分析不同退休收入投资方式的方法是：比较其能在多大程度上规避退休后面临的新风险，这些风险包括长寿风险（人还在，钱没了）、通货膨胀风险、市场风险或收益率发生次序的风险。这三大类产品如何防范这些风险？

从图5.1可以看出，没有一类产品可以帮助我们防范所有风险

| 产品大类 | 产品类型 | 抵御退休风险 | | | 收益 | | |
|---|---|---|---|---|---|---|---|
| | | 长寿风险 | 通货膨胀风险 | 收益率发生次序风险 | 遗产价值和流动性 | 可持续性 | 资产增长潜力 |
| 终生收入保证 | 即期收入年金 | ✓ | 购买带有COLA调整的年金 | ✓ | ✗ | ✓ | ✗ |
| | 延期收入年金 | ✓ | | ✓ | ✗ | ✓ | ✗ |
| 终生收入保证+增长潜力 | 附带GLB的变额年金 | ✓ | 仅当市场收益表现良好时 | ✓ | 是，但比SWP账户少 | ✓ | ✓ |
| | 附带GLB的固定指数年金 | ✓ | | ✓ | | ✓ | ✓ |
| 资产增长潜力 | SWP账户 | ✗ | 仅当市场收益率跑赢通货膨胀时 | ✗ | ✓ | 仅当市场收益表现良好时 | ✓ |

图5.1 三大产品类别：它们的收益及如何抵御退休相关风险

并提供所有好处。正如我们所说，将您的养老金资产在这三大类产品中进行合理配置非常理性，如通过终生年金规避长寿风险，投资传统的公募基金或单位信托基金获得资产增值。

我们将详细分析这些产品的优势和不足，首先我们分析养老金领域最早出现的产品——终生年金。

# 第 6 章

# 终生年金

如果运气不错，您不必过于担心本书第一部分描述的退休后可能面临的那些新风险，而且实际上您正在憧憬可能长达 35 年的退休生活（甚至更长！）。尽管如此，仍不可掉以轻心的是，您的养老资产（财务资产）可能不足以维持到您生命的最后一天。长达 30~40 年的退休生活费，对您、您的资产组合，甚至您的孩子们来说，将可能是沉重的负担。好消息是，您可以用一个非常合理的价格来抵御这类风险。

的确，现在人们通常会考虑购买保险来防范发生可怕事件的风险，如您的房屋因火灾被毁，您的车全毁了，发生意外事故导致瘫痪，或其他类似可怕事件。但事实是，您也可以购买保险来规避各种不幸事件，包含可能造成人身伤害或财务重创的任何风险事件。例如，您可以购买保险来防范因为科特迪瓦干旱导致您早晨喝的咖啡明年价格涨一倍的风险，您也可以购买保险规避股票投资组合在市场上遭受损失的风险，这些风险可能会对您的退休生活造成灾难性的影响。

通常，我们认为，不论是扩大保障范围、产品替代计划或提供生存保险的保单，仅仅应当为那些可能会对您造成财务重创的事件进行投保。我们认为，您不应在那些仅能保护您免受相对较小经济损失的保险条款和产品上浪费钱财。当然，这也因人而异，取决于您的全部资源。如果为您的宠物猫进行肾移植手术会导致您破产，那还是从兽医处购买一份宠物保险，否则您还是省下这笔保费吧。

再回到我们的观点：我们已经说明，如果您没有一份真实的养老金，长寿风险可能毁掉您的退休生活，而长寿保险可以防范长寿风险。乍一看，买一份保险防范是一件值得祝福的事情（长命百岁）似乎听上去很奇怪，但保险并不是不让您活得长寿，而是保护您免受因为活得太长而导致的生活贫困。进一步说，长寿保险已嵌入您现在非常熟悉的养老金产品中了。

## 作为保费的养老金缴费

让我们首先分析一个充足、完善的养老金计划的运作方式。一旦您退休，在您余下的岁月里有权获得持续的月收入。养老金显然不是免费的午餐。很可能您的雇主（如果他们提供这类养老金）在您每月的工资中扣除部分资金来支持养老金计划。您可以把这些每月扣除的金额看成您在工作期间每月向保险公司支付的保费。然后当您退休时，作为养老金的定期收入就是您的保险给付。如果您的配偶活得比您还长，通常会继续向他/她给付待遇。

我们做一些简单的年金数学计算，来说明养老金如何运作（撇开通货膨胀、税收和其他真实世界存在的变量）。在最简单的情况下，如果您从 65 岁开始每月能得到 1 000 美元，您能活到 105 岁，在这段时间内养老金支付您总计 48 万美元（每月 1 000 美元×480 个月）。另一方面，如果您只活到 80 岁，养老金总计支付您为 18 万美元（每月 1 000 美元×180 个月）。养老金数学的基本规则是：您活得越长，养老金支付您的总数额越大。在这个基本规则下，我们建议您可以把养老金想象成用来抵御长寿风险的保险。

讨论到现在您可能已经发现，养老金计划除了具有保险要素外，还与按月支付利息的债券很像（养老金支票）。养老金计划究竟更像债券还是保险，完全取决于您能活多久。如果最终寿命不长，养老金计划在投资组合中可能更像债券，只是定期把您自己的钱返还给您。但如果活得比预期时间更长，养老金更像是一份保单，不仅返还本金，还会增加一些（可能多很多）。就像房屋保险，如果所投保的风险出险了（相当于活得比预期长），您从保险公司收到的赔付可能会远远超过您支付的保费。这正是养老金计划所能提供的保障。

**购买个人养老金产品**

如果您的雇主没有建立养老金计划，您从哪里购买长寿保险呢？答案是您自己购买个人养老金产品。它可能不叫养老金计划，而叫终生年金，如前所述，本书中我们会用这个术语来描述个人养老金产品。

现在，您可能会认为我们在谈论某种寿险产品，但事实上不是这样的。寿险产品（可能最好理解的是过早死亡险）是去世后才进行赔付。但是，我们正在介绍的是一种可以在您有生之年进行给付的金融产品。那么，如何把这类产品和其他金融产品区分开？我们使用"死差收益"（mortality credit）这个概念，就是把已经去世的人的那部分缴费重新分配给仍然健在的人，成为他们待遇给付的一部分。

在继续讨论之前，请注意我们并不提倡把所有的现金都交给保险公司购买终生年金。我们随后将讨论应当把多少养老资产配置到年金。

回到年金上来。年金其实是非常古老的产品，可以追溯到罗马时代。当时，向罗马士兵支付终生年金，作为他们服兵役的补偿，富裕的罗马人还会向他们的继承人提供一份终生收入。今天，任何人都可以先交给保险公司一笔钱，以换取日后的终生月收入，不需要服兵役或靠富有的亲戚。您可以在退休时一次性付款购买终生年金［称为"即期年金"（immediate annuity）］。您也可以在退休时或退休前每次花几千美元，慢慢购买年金（一段时期内购买的即期年金）。最后，您还可以在退休时或退休前购买年金，并选择待遇给付的起始时点［称为"递延收入年金"（deferred income annuity）］。

如果您有兴趣购买终生年金，您会得到不同的报价（不同的保险公司收取不同的费率），您可以进行比较和选择。您还可以购买许多不同的附加险（或选项），如提供通货膨胀保护、生活成本上升、保证支付期限（保证您在规定的时间内都能得到待遇给付，无论到时是活着还是已去世）的附加险。您也可以购买定期年金（针对指定的期限，非终生年金），以及只要配偶一方还在世就会继续给付的联合年金等。您可以用不同投资账户中的资金来购买个人年金，当您购买终生年金时，您通常需要考虑不同支付方式产生的税收影响，并做出选择。

总之，如果您正在考虑购买终生年金，您需要考虑许多因素。但是现在我们只是在很基础的层次上探讨年金产品与其他退休收入产品的差异。您仍然不必操心可能需要哪种具体的年金产品。

**什么时候应该买一份年金？**

如果您想退休后有一份自费购买的养老金，那该从什么时候出手买？回想一下，我们之前提到过可以在退休时（或退休后）购买并立即接受待遇给付（即期年金），或在退休前购买年金，甚至退休前很多年就开始购买，并在退休时或退休一段时间后才开始待遇给付（递延收入年金）。表 6.1 列出了针对在 35 岁、50 岁和 65 岁开始购买即期年金和递延收入年金，并在 65 岁、75 岁和 85 岁开始领取待遇时所需支付的成本。

从表 6.1 中的 9 种情况可以看出，如果希望退休后每月得到

1 000 美元的收入，开始购买的年龄和开始进行待遇给付的时间不同，需要支付的成本差异很大。在表 6.1 中的 9 个测算场景中，最贵的选择是在 65 岁购买即期年金。提早购买年龄或推迟待遇给付年龄都会大幅度降低成本。这是为什么呢？首先，在年收入相同的情况下，待遇给付的期限越短，则成本越低。其次，随着年龄的增加，您的同龄人中去世的人数也更多，这意味着死差收益会随时间而增加。

请注意，这些数字每天都会根据市场情况（例如利率变化）以及根据您想在终生年金上附加的一些额外要求（例如保证您的孩子们能得到一些残值，或者您去世后您的配偶还能获得待遇给付等）而改变。

表 6.1  即期年金和递延收入年金的一次性购买成本

| 购买年金时的年龄 | 每月 1 000 美元的年金收入所需支付的成本，当年龄在 | | |
|---|---|---|---|
| | 65 岁 | 75 岁 | 85 岁 |
| 35 岁 | 56 015 美元 | 31 770 美元 | — |
| 50 岁 | 94 890 美元 | 43 650 美元 | 16 425 美元 |
| 65 岁 | 187 335 美元 | 82 100 美元 | 25 920 美元 |

资料来源：CANNEX，适用于美国加州男性、无 COLA 调整的非合格年金收入，最高报价与最低报价的平均值，2014 年 7 月 24 日。

为了与表 6.1 的信息进行比较，我们还收集了过去 10 年从 65 岁开始领取每月 1 000 美元的终生收入所需支付的历史价格。

表 6.2 展示了相同金额的年金收入，其购买成本会随时间变化而改变。为什么会这样呢？

表6.2 从65周岁开始每月领取1 000美元的终生年金的购买成本

| 年份 | 男性 | 女性 |
| --- | --- | --- |
| 2004 | 157 432 美元 | 167 818 美元 |
| 2005 | 157 255 美元 | 167 817 美元 |
| 2006 | 151 700 美元 | 161 363 美元 |
| 2007 | 151 524 美元 | 160 966 美元 |
| 2008 | 147 953 美元 | 155 843 美元 |
| 2009 | 156 500 美元 | 165 502 美元 |
| 2010 | 170 116 美元 | 178 410 美元 |
| 2011 | 174 828 美元 | 182 952 美元 |
| 2012 | 187 008 美元 | 195 216 美元 |
| 2013 | 183 728 美元 | 191 571 美元 |
| 平均 | 163 804 美元 | 172 746 美元 |

资料来源：CANNEX，加州地区非COLA调整的10年保证期的合格年金计划，最高报价与最低报价的平均值。

有许多因素会影响年金的定价，因此终生年金价格的变化基于很多因素。这些因素包括利率变化及"收益率曲线"（收益率曲线是展示同类固定收益证券的收益率和期限之间关系的曲线）的变化。寿命的提高（能活多长），也影响年金的价格。随着时间的推移，人的寿命延长，在特定年龄的死亡人数变少，用于再分配的钱也减少。"逆向选择"指的是更健康的人群相比于整体人群更愿意购买年金，促使发行机构调整年金价格，以匹配购买者的预期余寿及其所购买的年金产品。最后，产品竞争力和保险市场竞争格局的变化，也影响终生年金的购买成本。所有这些因素都会影响相同条件的人群在不同时间购买年金的成本。而且还有更多诸如"死差收益"这些年金收入方面的门道，我们很快就会讨论。

## 年金与定期存款

有些读者可能会认为我们描述的终生年金像企业债、银行定期存款或承诺收益的投资凭证。也就是说,以年金和定期存款的方式给金融机构一笔钱换取定期收入。确实,这些金融产品之间有一些共性:您今天付出一笔钱,可以换取未来的利息收入。但传统支付利息的金融产品和这些保险产品之间还是有明显差异的。事实上,如果您熟悉这些常规金融工具的派息率,那么您在表 6.1 和表 6.2 中可能已经注意到这一点。

为什么会这样?举例来说,假设您的预期余寿为 30 年,您要在这个期间为自己提供收入。如果您想购买一只支付期为 30 年、每月支付 1 000 美元的债券,您实际上需要付出的成本远高于表 6.1 列出的成本。换句话说,只要您一直还活着,实际上您通过年金得到的投资回报率远高于投资债券的回报率。例如,在当今的经济环境下,10 万美元定期存款的年利息只有 2% 或 3%,而年金可能支付 7%、8%、9% 甚至 10% 的年利息,这取决于您的年龄。但是,如果您已经去世了,您就不得不放弃部分利益,放弃的部分是您购买年金的资金。正如我们之前说过的那样,终生年金的购买决定是单向的。此外,您在表 6.1 中看到的这类终生年金不具有流动性,因此也(永远)无法兑现。请记住,您所能得到的只是生命存续期间的待遇给付,当生命终止后一切归零。

这是年金与债券和定期存款的主要不同之处。对于债券或定期存款而言,您把资金出借给一家机构,该机构会在一段时间内向您还本付息，您还可以随时取消交易（兑现投资的现金价值）。对于年金，任何时候都没有兑现的可能性，只有在生命存续期间的收入（或持续到事先约定的保证期限）。

## 年金赌局值得一试吗？

我们理解大多数人尤其是退休人员，非常犹豫是否应该放弃资产的流动性，加入某个终生年金的赌局，因为他们害怕失去控制或相信他们自己在其他投资领域可以做得更好。

不过说也奇怪，如果劝说已参加传统的待遇确定型养老金计划的人选择转成用现金购买的缴费确定型计划，也就是放弃隐含的终生年金时，大部分人都会拒绝。也就是说，很多人愿意有一个终生收入保证而不愿选择可能在去世时留下很大一笔钱，这一发现与我们在第 1 章生命周期模型中讨论过的养老金的真实价值是一致的。

请记住，我们并不是提倡退休人员放弃所有养老资产购买终生年金。如果您对使用养老资产购买年金还略有担心，那就让我们进一步更加详细地分析，保留您的投资、市场风险、长寿风险和把养老资产交给向您提供年金的保险公司之间的实质性差异，如何进行权衡。我们将用一个听起来有点奇怪的故事来帮助您理解，但是请收起您的怀疑给我几分钟时间。我们要讲的这个故事实际上在退休规划领域内颇有名气。

## 曾祖母的赌局

假设有一位 95 岁的老奶奶（曾祖母），喜欢每周日和她的 4 个最要好的朋友玩纸牌。巧的是，这 5 个人都正好 95 岁高龄，都非常健康，也都早已经退休，她们已经在一起打了 30 年的扑克。然而，最近这个游戏开始变得沉闷无聊，其中一位老太太决定让团队的气氛活跃一些。上次她们见面时，她提出让每个人拿出 100 美元（或 100 英镑）放在厨房的餐桌上。"谁能活到今年年底，就能分这 500 美元。"她说，"如果活不到，就得放弃这笔钱。还有，不要告诉孩子们。"

是的，这听上去很奇怪，但是一会儿您就能知道我们的用意了。

所有人都认为这是一个有趣的提议并表示同意，但她们认为把 500 美元放在餐桌上整整一年是有风险的。因此她们 5 个人决定把钱放到一家本地银行存一年期定存，年利息 5%。

那么，明年会发生什么呢？据精算师提供的统计数据，有 20% 的可能性，其中某位曾祖母扑克俱乐部的成员会在明年去世。这反过来意味着有 80% 的生存率。在接下来 12 个月的等待期内，虽然几乎任何事情都有可能发生，但其实有 120 种组合，无论您相信与否，这个概率意味着平均而言，到年末 4 位还存活的成员将平分这个池子里的 525 美元（5 个人每人 100 美元凑成的 500 美元，外加 5% 的利息，即银行支付的 25 美元）。

请注意，每位还活着的成员都会从她原来的 100 美元投资得到 131.25 美元。这 31.25% 的投资收益包含了 5% 的银行利息和

26.25%的"死差收益"。"死差收益"指存活者从逝者分得的本金和收益。图6.1展示了在一年的期初和期末，资金的分配情况。

正如您所看到的那样，逝者会丧失这些基金的权益（这也是曾祖母扑克俱乐部成员告诫其他成员，不要告诉孩子们的原因，因为初始本金也会损失，不会按人头保留）。虽然逝者的受益人可能对结果感到沮丧，但是还健在的成员将得到优厚的投资回报。更重要的是，他们提前对终生收入风险进行了管理，从而不必担心未来风险。

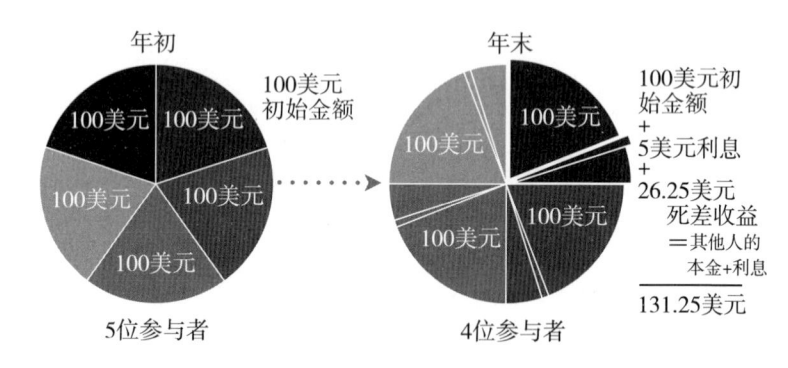

图6.1 曾祖母扑克俱乐部的赌局——钱如何分配

## 死差收益的力量

我们（与很多其他人一样）认为，这个故事形象地说明了长寿保险权益如何转化成投资收益率。让我们再说明一下它的好处：没有其他任何一种金融产品，能在存活的条件下，实现这么高的收益率。

事实上，这个故事还可以进一步分析。如果曾祖母扑克俱乐部决定把这 500 美元投入股市，甚至风险更高的能源基金，如果该能源基金年内暴跌 20%，那么还活着的扑克玩家会损失多少钱？

好吧，如果您认为"没有损失"，这是绝对正确的答案。4 位还活着的成员平分了 400 美元，每人收回初始的 100 美元本金。

这就是死差收益的力量。在市场下跌时能弥补一些损失，而在市场上涨时能提升收益。事实上，我们甚至可以说，一旦您将真实的长寿保险纳入多元化的投资组合中（也就是将部分养老资产年金化），您可以负担并承受更高的金融风险（在第 9 章中，您会看到更多有关年金化及投资风险的内容）。

当然，终生年金合约的原理，实际上并不完全像前面描述的那样。在我们的例子中，曾祖母的"长寿赌局"合约每年续约，96 岁还活着的人可以选择拿走她的死差收益。

在实践中，年金合约是终生的而不是 1 年期的，死差收益在退休后的许多年内进行积累和摊销。但保险合同的基本经济原理如前所述。也就是说，生命年金的投资收益，即您有权获得的现金流由 3 部分组成：您的本金、利息和其他人的钱（死差收益）。当一些参与者去世并将他们的钱留在桌上，其余存活者将从死差收益中受益，通常受益额度很大，特别是在高龄时。

## 50 岁的人是否应该购买个人养老金？

那么下一个需要思考的问题自然是：是否这个终生轮盘赌游

戏会在较年轻时产生更高的收益率？答案是否定的。我们制作了一张表（见表6.3），显示了不同年龄对应的年金隐含收益率。（我们称之为"隐含"收益率，因为这不是您在股市中得到的那种收益率。我们之前已经解释过，年金的收益是利息收入和死差收益的组合。）

表6.3 每年收益率为5%的长寿赌局对应的预期投资收益率

| 年龄 | 年末现金价值（美元） | 在年内去世的概率 | 在年内生存的概率 | 每位存活者的现金支出（美元） | 每位存活者的投资收益率 |
|---|---|---|---|---|---|
| 50 | 1050 | 4/1000 | 966/1000 | 1050/996 | 5.5% |
| 60 | 1050 | 9/1000 | 991/1000 | 1050/991 | 6.0% |
| 70 | 1050 | 20/1000 | 980/1000 | 1050/980 | 7.2% |
| 80 | 1050 | 52/1000 | 948/1000 | 1050/948 | 10.7% |
| 90 | 1050 | 148/1000 | 852/1000 | 1050/852 | 23.2% |

资料来源：QWeMA集团根据美国2009年版的生命表计算得到，详细信息来源见本书注释。

在看这张表之前，请注意，数学教授已经开始接管麦克风了，您将遇到一些计算公式。不要说没提醒您！

从这张表上可以看出，如果1 000位（不分性别）70岁老人参加一个长寿赌局合约（类似曾祖母扑克俱乐部赌局），每个人在年初缴纳1美元，整个资金池的投资收益为5%，到年末将有1 050美元在所有还活着的老人中平分。

以美国为例，据官方统计数据，这些70岁老人中将有20%的人等不到71岁生日，相应地，他们将丧失1美元的本金及其投资收益。所以他们的钱将在980位还活着的人中进行分配。以980名存活者为例，可以得出 1 050/980 = 1.07 美元/存活者，因此投资收益为7.17%，比从银行或信用社得到的5%收益率高出2.17个百分点（217个基点），这个结果足以向家里写信报喜。

然而，对于一个80岁的人来说，从表6.3中可以看到，我们的长寿赌局合约为每个存活者产生了10.72%的投资收益率，而到90岁，这个投资收益率能达到23.19%。请观察投资收益率是怎样随着年龄增长而增长的，所以各位30多岁的年轻人，不要这样做，除非您能活过95岁并混迹于更高龄的人群中。

## 即期年金和递延收入年金

我们之前已经说过，您可以现在就购买立即开始支付的年金，或现在购买但未来才开始支付的年金。根据开始支付年金的时间不同，分别称为即期年金和递延收入年金，但有一点值得注意，购买后一年内开始支付也算"即期年金"。

除了名字不同，这两类年金有什么差别呢？到目前为止，我们更多关注即期年金。但是当代的递延收入年金（也称为DIA），通过设定不同的年金购买时点和年金收入时点，将死差收益的概念扩展到"更高的层次"。假设一个退休人员在65岁时花15万美元购买保险，立即得到每年1万美元的终生收入给付。而如果此人在55岁时购买递延收入年金，那么他只需要花费8万美元，就能享受终生领取每年1万美元的待遇给付，但待遇给付可能会开始得晚一些，如从 70 岁开始。所以在 DIA 的案例中，同样每年获得 1 万美元的待遇给付，递延收入年金要比即期年金更便宜，因为购买时间更早且开始支付的时间更晚。

无论采取哪种方式，都有很多种选择。DIA 的购买者可以约定在 10 年、20 年或 30 年的保证期内每年能得到 1 万美元的待遇给付，或在他死后保险公司继续向他还活着的配偶给付待遇。如果某个 DIA 购买者在他（或她）去世时未能得到相当于他之前缴纳的总保费的待遇给付，他可以要求死亡抚恤金或返还原保费。DIA 购买者也可以要求通货膨胀保护，每年 1 万美元的待遇给付以 1%、2% 甚至与 CPI 增长率挂钩。这些特征在即期年金中也能实现。

## 如何考虑利率因素？

如果 30 岁的人应当等上一段时间才购买年金，那么 90 岁的人也应该等吗？我们将通过深入分析利率将如何影响年金待遇给付来回答这个问题。

表 6.3 中透露的一个重要信息是，年龄较大时，长寿赌局合约带来的收益率与基金赚取的收益率之间的差距，又称息差，呈指数级增长。从表 6.3 中明显看出，年龄越大，基本（估值）利率（用于确定您能拿到的待遇给付的利息部分）对最终结果的决定和影响越小。

因此，如果一个 90 岁的老人说，"我不愿意参加这个长寿赌局协议，因为现在的利率非常低，我想再等几年，直到利率回到历史较高水平",这是很愚蠢的。

这种拖延策略有什么问题呢?首先,从我们的牌桌上可以看出,到90岁时,大部分投资收益来自别人的钱(死差收益)。其次,如果我们虚构的这个90岁老人,他所关心的是如何承担最低的投资风险而得到最大的投资回报,那么相比年金而言,将这笔钱以5%的年利率存定期存款的做法更糟糕!相比终生年金需要终生锁定,这个观点适用于每年更新的理论上的长寿赌局,但我们也说过,我们对于终生年金也可以提出类似的观点,而且是有效的。

现在请注意,有两件关于死差收益的重要事情。首先,我们已经提过好几次,一旦您购买终生年金,您不能再兑现或出售该保险合同。因此,即使年金中经死亡率调整后的收益率可能非常高,但还无法将死差收益与固定收益工具相分离。其次,需要注意的是,在现实世界中(不是曾祖母的厨房),许多人会购买联合终生年金,只要配偶中还有一方仍活着,就会在承诺期内继续给付。这些特点在达到高龄前,都会降低死差收益。

综上所述,当人们进入高龄后,很难战胜终生年金中的隐含长寿收益率,而基本利率(或估值利率)仅是总收益中很小的一部分。而且很明显,死差收益的重要性随着购买年金时的年龄增加而增长。我们将在第12章中详细探讨隐含长寿收益率这个概念。

## 如何利用年金抵御通胀风险?

在第1章,我们介绍了一种与公开市场上购买的个人养老金一样的通胀指数式终生年金，它的待遇给付随时间增长而增加，支付金额与一些成本指数或价格指数（如 CPI 指数）挂钩。

在第 4 章中，我们回顾了通胀带来的风险，以及如何在一段时间内侵蚀退休收入。现在您可能想知道是否可以利用年金为自己防范通货膨胀的影响。

答案是肯定的：有一种免受通货膨胀侵蚀的方法是购买收入递增年金。这类年金的待遇给付金额会根据最初的约定，每年有 1%～5% 的提高。例如，您的第一年待遇给付额度可能是 1 000 美元，而下一年的待遇给付额度将是 1 010 美元，依此类推。通过这种方式，只要通胀率没有特别大的改变，您的待遇给付可以与通胀率保持一致。实际上，如果您希望更大程度避免通货膨胀带来的影响，您可以购买一款与每年实际通胀率挂钩的年金产品。

当然，您可能会质疑，天下没有免费的午餐，您必须为这样的待遇增长付出一些成本，也就是在初期阶段领取更低的待遇水平。因此，虽然您每年得到的待遇会有所增长，但初期的待遇支付额度会从一个较低的水平开始。每年的增长率越高，则初期的待遇支付金额越低。

## 独特的、个性化的保险

介绍到这里，我们对于年金想要表达的主要观点是：个人养老金或终生年金，提供了一种独特和特殊类型的保险。它是人们实际上唯一获取和真正希望利用的保险！虽然我们都愿意花钱购买家庭保险、残疾保险和汽车保险,但我们都从来没有真正想兑现这些保险权益。毕竟,谁愿意自己的房子被烧毁、腿折断或撞车呢?但只有养老年金的"可保事件"(导致保险赔付的事件)是人要活着。

人们还不熟悉年金产品,感觉有些害怕,这也许是金融业至今还没能成功营销和出售这些另类保险形式的金融产品的原因。此外,退休人员过分关注年金产品的投资特点,由于待遇支付将由不确定的死亡日期决定而看上去有风险,却不太关注年金产品中非常有价值的风险保障因素,年金能保障您有财务能力度过余生。我们希望像"曾祖母的赌局"这样的简单故事,可以帮助未来的退休人员及其理财顾问理解购买长寿保险的好处、风险和收益。

的确,年金并不是一种无风险的投资方式。年金购买者面临的风险之一是发行人的偿付能力或信誉。如果您参加雇主发起的DB计划,您也会面临与雇主财务稳健性相关的风险。如果您计划购买年金,您应当关注发行人的信用评级。您应当检查并确认年金待遇支付有哪些保障措施,这取决于您的居住地和其他因素。

当您决定购买年金时,需要考虑很多问题:购买的时机,需要附加哪些功能,从哪家公司购买等。我们知道本书并未涉及所有这些问题。我们的目的是给大家一个基本框架,包括即期年金和递延收入年金的工作原理,以及为什么您需要把它们纳入您的退休收入计划。接下来,我们将简单介绍传统的共同基金和股票账户,看看它们在退休收入产品光谱中的合适位置。

## 第 7 章

# 传统投资账户

本书读到这里,您可能会形成一个(错误的)印象:我们不是普通股、政府债券、交易所交易基金、共同基金和其他传统的多元化资产的忠实粉丝,因为我们并没有为这些资产说太多好话。此前我们还曾经说,它们的风险很高,如果在错误的时间进行投资,几乎会毁了您的退休生活。但是,这是否意味着您应该完全回避这些资产呢?事实远非如此。虽然我们还未深入探讨传统金融产品该如何适应年金化资产组合,但是我们明确声明,这些资产应当处于一个结构合理的退休收入计划的核心位置。

因此,虽然我们倡导产品配置,但是我们不想低估或忽略传统资产配置的重要性。我们对这些理财规划中使用的经典工具着墨不多,那是因为它们无处不在,易于理解,并已在其他渠道广泛介绍。换句话说,我们不想把这些您可能已经了解的知识再重复一遍。

回想一下,我们在本书中力图推广的理念是:所有现在、未来和即将退休的人，都不应当把他们的养老资产配置仅仅局限于股票、债券、现金和商品。不管您的投资有多么分散化，多样化和资产配置尚不足以保护您免受许多其他退休风险的影响。

正如您在第5章所看到的，我们认为养老资产应该配置到三大类不同的金融产品。其中一个类别是我们之前已经花了很大篇幅介绍的养老年金。对于那些有幸拥有待遇确定型养老金计划的人来说，这个类别最有可能已经到位。对于那些参加缴费确定型计划的人，或者更糟糕的情况下，对于那些根本没有参加养老金计划的人来说，您可能需要得到一些养老金收入。另一个类别是混合型退休收入产品，我们将在下一章介绍此类产品。最后一个类别主要是传统投资工具，如股票、债券、共同基金、单位基金信托和交易所交易基金，您在开始积累养老资产时可能就熟悉这些工具。与其他两个类别相比，从这类资产获得的收入主要取决于您自己，而不是产品提供者、保险公司或银行。反而，您要决定预计从定期提款计划（SWP）中提取多少资金。我们对这些产品类别进行全面讨论最终是为了说明，要制订一个完美的退休收入计划，您应当将养老金在这三大类别中都进行配置。

我们需要再一次明确：退休组合中的SWP部分应当包含股票、债券、现金、共同基金、交易所交易基金和其他您在积累养老资产的长期过程中一直使用的各类金融产品。绝对没有理由停止使用这些工具，因为资产多样性和权益所有权在您整个生命周期中仍然至关重要。所以在年金化养老资产时，千万不要炒了您的股票经纪人，至少不要在我们的账户里这么干！

## SWP 中的资产配置

既然我们认为您应当保留并继续使用全部现有的投资工具，您可能会感到疑惑，是否应当继续保持同样的比例和配置方案？我们还要进一步讨论这个问题。我们认为，您的 SWP 账户，在您退休后的实际资产配置方案中，应当比退休前正常的平衡型资产配置方案更为保守，如持有更多债券。因此，如果在退休前，您的共同基金或 ETF 投资组合持有 70% 的股票和 30% 的债券，那么当您开始向退休生活过渡时，您或许应当把股票占比降至 50%，债券占比升至 50%。

我们为何建议退休时在 SWP 账户做更为保守的资产配置呢？这有两个非常重要的原因。第一个原因很明显：您的年龄越来越大，在其他条件不变的情况下，您应该有一个更为保守的资产组合，这是显而易见的。然而，第二个原因更微妙。

我们之前说过，稍后将会讨论混合型金融产品，这类产品结合了股票市场的上涨潜力和养老金类产品的下跌保护功能。一般而言，如果您配置这些混合型产品，应当在投资组合中的激进部分配置它们。也就是说，让受保护的（被保险的）产品类别承担风险，而让裸露的（未受保护的）投资采取更为保守的投资策略。

例如，假设您有 60 万美元的养老资产。您想年金化部分养老资产，希望在非年金化资产中按照 50/50 的比例配置股票和债券。如果您愿意花 20 万美元购买个人养老金或终生年金，并将剩下的 40 万美元平均配置于股票和债券，您可以按照以下方式操作：在

SWP 中持有最安全的资产（也就是 20 万美元），并将另外的 20 万美元投资于混合退休收入产品中的股票配额。换句话说，保证 SWP 的安全性，让保险公司投资权益类资产。如果保险公司不允许您的混合型退休收入产品 100% 投资权益类资产（对投资比例有限制，例如在这个例子中，只允许投资 15 万美元的权益类资产），那么就按照最高可投资的比例，投资 15 万美元到权益类资产，投资 5 万美元到债券，同时在 SWP 账户中，配置 15 万美元的债券和 5 万美元的权益类资产（保证整体的资产配置比例是 50% 的股票和 50% 的债券）。

有些人可能会疑惑，是否可以把配置的养老金或年金当成债券？毕竟，在实务中它们更像是固定收益类产品，而不是股票或其他随市场波动的投资工具。在一定程度上这是事实，但请记住，若把养老金和年金当成债券，并不再深入分析，就会忽略我们一直强调的它们在提供长寿风险保障方面的重要作用。

总之，我们并不是主张您在 SWP 账户中采用过于保守的配置策略，但您在做资产配置决定时，应当统筹考虑这三大类产品。

## SWP 中应该配置些什么？

在 SWP 账户中可以有无数种资产配置选择，而且在这个账户中可以做出很多有创造性的资产配置方案。一些退休人员可能希望他们的 SWP 账户中配置不同期限到期的债券，从而创造一个合成的收入现金流。

"债券阶梯"（bond ladder）是指在一个组合中的债券拥有不同的到期期限。假设您投资 5 万美元购买债券。使用这种方法，您可以买 5 只不同的债券，每只债券面值 1 万美元（或者甚至 10 只债券，每只面值 5 000 美元）。但是，每只债券的到期日不同。某一只债券 1 年到期，另一只 3 年到期，还有剩余的几只 5 年到期。采用不同的到期期限，可以帮助您降低由于同时将所有到期债券转投其他类似固定收益产品所产生的再投资风险。它还有助于管理资产的流动性，确保跨年的稳定现金流。

有些人可能偏好有高等级承诺（尽管不保证）股息分红的优先股。有些人可能只是在定期存款到期后再续存，这是一种非常保守的策略，而且如果没有纳入延税或免税退休账户中，也缺乏节税效果。

您可以发现，SWP 账户有很多种可行的行动方案，并且具有足够的灵活性，让您以最适合的方式来配置资产。从某种意义上来说，相比其他两类退休产品，您在 SWP 中拥有最大的配置灵活性。所以，充分利用这样的灵活性！这就是资产配置的魅力所在。请记住，我们建议在这个类别上采取比平时更为保守的配置策略，因为第三类的混合型退休收入产品会承担更高的风险（由保险公司负责）。我们将在下一章对第三类产品进行深入讨论。

# 第 8 章

# 第三类产品：附带生存利益保证的年金

我们此前已对养老金和年金进行了细致的讨论。我们还简要介绍了不保证收益的产品（如股票和债券），很可能您已经使用过这些产品来积累养老资产。现在，我们要花一点时间分析另一类能提供终生收入保证的产品，通过"混合型"退休收入产品来提供终生收入并获取金融市场收益。

附带生存利益保证（Guaranteed Living Benefit，简写为 GLB）这个概念，最早起源于 20 世纪 90 年代末的变额年金（Variable Annuity，简写为 VA）合同中，它允许保单持有者获得终生收入，但不必像以往那样必须"年金化"（锁定终生支付金额）。目前，两种最流行的生存利益是保证终生待遇领取（Guaranteed Lifetime Withdrawal Benefit，简写为 GLWB）和保证最低收入待遇（Guaranteed Minimum Income Benefit，简写为 GMIB）。这两种都可以作为变额年金合同的附加条款，让购买者可以享受市场上涨带来的收益，激励购买者延迟领取待遇，并选择适度的终生待遇给付水平。

最近，另一种附带生存利益保证的固定指数年金（Fixed Indexed Annuity，简写为 FIA）型混合产品已经面世，它标志着一种新的退休收入产品的创设。

在我们继续探讨之前，先定义一下术语，毕竟我们在第 6 章中已经全面介绍了终生年金。那么什么是变额年金和固定指数年金，它们有什么不同？

简而言之，变额年金是在积累期结束后会承诺一个最低支付金额的保险合同。1952 年，美国首次将变额年金作为一种养老金积累的延税型工具引入。然而直到 20 世纪 90 年代末，保险公司才开始推出附带收入保证的变额年金产品，用于满足由于待遇确定型养老金计划减少而出现的市场需求。

在变额年金的基础上，附带生存利益保证的变额年金是退休收入产品中相对较新的品种，这些产品现在已经成为或正准备成为世界各地保险公司普遍提供的产品，目前已经在美国、英国、加拿大、澳大利亚等地销售，并且正在开拓新西兰市场。

我们说过，从本质上来看，附带生存利益保证的变额年金像是一个共同基金（或其他非保证收益的投资品种），但它也包含一个附加险，从而保障保单持有者可以从他们的变额年金中领取终生待遇，而不管基础资产的收益如何。

举例来说，如果您购买一份价值 10 万美元的附带生存利益保证的变额年金，其中含 5% 的收入附加险，保险公司将承诺在您的余生中，即使基础资产价值下降甚至归零，保险公司还是会每年向您支付 5 000 美元（非指数化的）。虽然早期产品通常会限定最多只能领取20年，但是现在的产品提供终生收入，而且通常变额年金可以提供一个领取基数为5%的收入现金流。

同样，固定指数年金也是一种保险合同，提供与股票市场基准挂钩的延税型年利息，在美国最常用的是标准普尔500指数。有了固定指数年金，保险公司承诺保护投资者利益不受市场下跌影响，但是对市场上涨的收益也会"封顶"或设定上限。当在固定指数年金中附加生存利益保证时，实际效果就与附带生存利益保证的变额年金很相似。如今，固定指数年金加上生存利益保证的变额年金的组合正日益深入人心，但是通过这样的产品组合提供退休后的终生收入，还是比较新的尝试。

### 保证与增长：附带生存利益保证的变额年金的工作原理

这些产品的原理是什么，您怎么知道每年能拿多少钱？这些产品在很多方面都很像共同基金或单位信托基金，因为这些产品对应的基础资产实际上就是共同基金。从技术角度看，它们是一种专户基金、独立账户或独立管理的账户，在不同地方叫法各不相同。这些投资基金综合了共同基金的增长潜力及寿险保单的保障功能，因此它们通常称为由保险公司保单包裹的共同基金。"专户基金"或独立管理账户会提供一定的担保，例如在死亡时进行赔付，可以通过理财顾问购买。根据法律规定，这类基金的资产与公司的普通投资基金完全隔离、独立管理，它也因此得名。

回到附带生存利益保证的变额年金。假设您购买10万美元的附带生存利益保证的变额年金。在您购买的那天,"合同价值"(这笔投资的市场价值)及"保证领取基数"(用于计算支付金额的基数,通常称为受到保护的价值)都是 10 万美元。保险公司承诺(就像年金)在您的余生中每年可以从投资中得到 5%(或 5 000 美元)的收入。您的年度支付额通常基于保证领取基数来计算。

但这只是在收入方面。与此同时,您用于购买附带生存利益保证的变额年金的资金,投入发行人提供的共同基金。余额(合同价值)会根据底层共同基金的价值每日波动。通常您可能不会去关心合同价值,毕竟,您的收入基于保证领取基数。但是,这类产品在市场上涨时提供了一定的上升空间,具体方式为:如果您投资的基金投资收益很好,合同价值超过领取基数的价值,则领取基数可以调到一个新的更高的水平。多数附带生存利益保证的变额年金允许每 3 年重设领取基数,这个过程通常被称为"进阶"福利。

除了进阶重置,还有另一种方法可以提升附带生存利益保证的变额年金的收入水平。我们假设,您在退休前购买了一份附带生存利益保证的变额年金,并且您需要这笔收入。接下来会发生什么呢?如果您购买了附带生存利益保证的变额年金,但是推迟领取,则每年会有一笔"收入额度"加到您的领取基数上,通常是 5%。当您开始从附带生存利益保证的变额年金中领取待遇时,将用新的更高的领取基数来计算领取待遇。

例如,假设您购买 10 万美元的附带生存利益保证的变额年金,有 5%(单利)的收入额度,延迟到两年后开始领取,则保证领取基数将是:您最初的投资 + 第 1 年的收入额度 + 第 2 年的收入额度，即 10 万美元 + 10 万美元 × 5% + 10 万美元 × 5% = 11 万美元。由于您延迟到两年后才开始领取，您的年度待遇给付额将是 11 万美元 × 5% = 5 500 美元，而不是 5 000 美元。如果您推迟到 5 年后开始领取，则保证领取基数将增长到 12.5 万美元，您的年金待遇给付额将是 6 250 美元（12.5 万美元 × 5%，请注意我们这里用的是单利，而不是复利）。这有点类似第 6 章介绍的递延收入年金。请注意，您的这种更高的待遇给付额与相关附带生存利益保证的变额年金中的投资业绩无关。如果您的保证领取基数在等待期重设，则保险公司将基于新的调增后的基数计算您的收入额度。

表 8.1 展示的就是我们刚才介绍的情形，表达更加清晰。

表 8.1 推迟领取附带生存利益保证的变额年金（5% 的单利收入额度、无调增）

|  | 马上开始领取 | 2 年后开始领取 | 5 年后开始领取 |
| --- | --- | --- | --- |
| 保证领取基数 | 10 万美元 | 11 万美元 | 12.5 万美元 |
| 年度待遇给付额 | 5 000 美元 | 5 500 美元 | 6 250 美元 |

值得注意的是，保证领取基数对应的收入额度无法变现或提取。在附带生存利益保证的变额年金中，您仍然拥有基础资产，并且可以随时变现，但收入额度本身不会增加合同价值，仅仅增加保证领取基数。为此，我们喜欢称之为"影子收入额度"，因为它们不是真实的、可变现的利益，而是像影子一样没有实物形态的东西。例如，如果您如前所述推迟取款，您将基于 12.5 万美元的保证领取基数提取 6 250 美元，您决定结束这款附带生存利益保证的变额年金并变现全部资产，您能得到的只是这笔投资的市场价值（扣除各项成本和费用），而不是附带生存利益保证的变额年

金的 12.5 万美元的领取基数。

与此同时，由于您定期从资产组合中领取待遇，资产组合的价值可能会下降，但这些待遇领取并不影响保证领取基数，只是影响合同价值。所以对此类产品的购买者而言，需要了解两种价值：资产组合（合同）价值及保证领取基数。

说了这么多，您会发现这些产品与终生年金很像，因为它们向购买者提供了一份终生收入保障。对于那些希望汇聚所有购买者、构建风险池的产品发行者而言，它们也有点像终生年金。也就是说，把购买者支付的附加险费用用于为那些超出平均预期余寿、组合中已经没钱的购买者提供资金来源。但与年金不同的是，在附带生存利益保证的变额年金中，您拥有自己的投资资产，并且可以随时提取（需要支付赎回费、税费和其他费用）。

我们随后会考察，采用不同产品年金化养老资产，它们的成本分别是多少，附带生存利益保证的变额年金的费用是多少。由于附带生存利益保证的变额年金提供收入保证及影子收入额度，您需要支付的费用比年金或共同基金更高。根据您所处的市场、变额年金中的基金选择，以及您是否选择各种特殊条款等因素，典型的年金管理费率介于 100 个基点（1%）到 500 个基点（5%）之间。

**评估附带生存利益保证的年金：您应该选择吗？**

我们假设您已经评估了自己的退休收入选择，并且很有兴趣了解各类产品是否适合您。您应该如何在各个选项之间做出选择？

通常来说，您需要考虑以下因素：

- 发行人的基本情况，例如它们的信用评级、可用合同的基本特征，包括合同类型（单独还是联合年金）、最高和最低存款、销售费用及其他各种费用。
- 您对收入领取的关注点，包括何时开始领取、领取多少金额、如何等待领取待遇，这些都会对领取金额产生影响。

我们并不是劝大家购买其中某个特定产品，或暗示大家某项功能比其他功能都更重要。显然，如果您决定在您的退休收入策略中配置附带生存利益保证的变额年金或附带生存利益保证的固定指数年金（即期或递延收入年金），您需要自己做一番尽职调查，与您的理财顾问一起选择对您最为重要、最相关的产品和功能。

与此同时，对于整个退休收入产品线而言，这个类别的产品一直在不断发展，新的产品、新的发行人以及新的功能不断涌现。我们并非暗示这类信息对您本人、未来的年金产品，甚至还未面世的退休收入产品一定有效。我们建议这类产品可以成为退休收入解决方案中的重要组成部分，我们的目的是引导您思考如何更好地使用这些产品。

我们已经讨论了这些可以产生退休收入的产品，在接下来的章节中，我们将开始介绍一些退休收入规划方面的基础理论。这些理论帮助您组合运用各种退休收入产品，为您的未来打造一个连续的计划。准备好了吗？我们继续吧。

## 第 9 章

# 收入的可持续性：个人养老规划的根本

我们已经介绍了退休收入的几大主要来源，也讨论了为什么要防范接近退休时所面临的各种新风险。

在接下来的章节中，我们将分析一些不同的案例，告诉您如何将这些收入来源整合在一起，并带着您一步步地年金化养老资产。在第二部分的剩余章节中，我们将先做一些铺垫，为年金化养老资产提供理论背景。

因此，您可能会发现这是本书中最难理解的部分，但是我们相信努力就会有回报。为了分解复杂问题，下一步我们将为您提供需要掌握的所有主要概念的背景及定义。

在本章中，我们将开启看待退休收入规划的全新视角。首先，我们将区分金融经济学和理财规划。现在，我们将高度简化这种区别，但一般情况下，金融经济学家会问："您有什么资源？"而理财规划师会问："您想要什么样的生活方式？"

当您阅读下文时，想象一下，您可以从两副眼镜中选择一副，帮助您更清楚地理解文字和理念。其中一副是金融经济学的眼镜，另一副是理财规划的眼镜，在本节中，我们会要求您佩戴其中的一副或另一副眼镜。图9.1形象地表达了这些概念。

**金融经济学方法**
- 终生资源
- 约束条件
- 缺乏耐心
- 风险规避

⇩

最大可能地"平滑生活水准"

**理财规划方法**
- 目标
- 梦想
- 期望

⇩

通过投资和储蓄最大化成功率

⇩

年金化是最佳选择

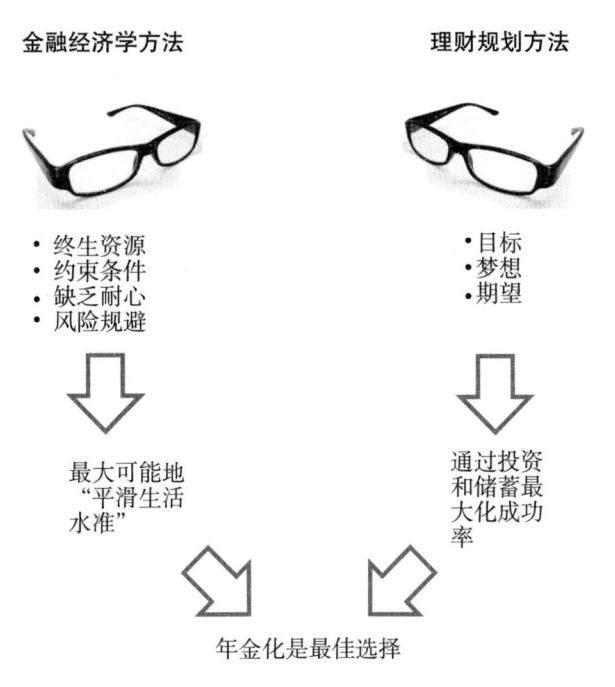

**图9.1　财务问题的两种视角：金融经济学与理财规划**

您可以看到，无论是金融经济学方法还是理财规划方法，都认同年金化是最佳方式；虽然遵循不同的路径，却都得到相同的结论。金融经济学方法关注生命周期内的资源、各种约束条件、风险规避以及缺乏耐心等问题，而理财规划方法看重目标、梦想和期望。经济学家希望在一段时间内平滑您的生活水准，而理财规划师则希望通过投资和储蓄来最大化您的投资机会及退休规划的成功率。

虽然使用眼镜这种略带怪诞的讨论，有些偏离现实中提供终生

第9章　收入的可持续性：个人养老规划的根本　　101

退休收入的实际考虑，但还是要坚持下去。阐述退休收入的意义，了解养老金在您未来生活中发挥的作用，这是非常现实的问题！

**您将戴哪副眼镜？**

您可能还记得，在第 1 章中，我们介绍了消费的生命周期模型，它提供了一种衡量养老金真实价值的方法。也就是说，我们认为养老金的真正价值可以依据人们在公开市场上愿意支付的价格来体现。

生命周期模型还为我们思考退休规划提供了有效途径。根据最基本的公式，生命周期经济学关心如何分摊或平滑您的终生财务资源和支出。根据这个框架，您应当在年富力强经济收入最好的时候，为年老时期的花销积累资金。

## 人力资本与个人资产负债表

您的个人资产负债表，是一张展示您欠下及拥有的所有东西的明细表，包括两类资产：有形资产和无形资产。

有形资产指房子、汽车、银行账户和养老资产账户等项目。

无形资产指经济学家口中的"人力资本"，是您未来能赚到的所有税后收入的总和。可以把它比作储藏在地下深处的石油和黄金，需要很多年去挖掘。

从技术上来说，将您整个职业生涯中的工资、奖金和收入的现值加总后，就可以估算出您的人力资本。

这是您的人力资本的价值，对于很多处于生命早期阶段的人而言，可能是数百万美元。

随着年龄增长、开始工作并将一部分收入存起来，由于您可以工作的年数逐渐下降，因此您的人力资本价值下降。因此从生命周期的角度看，我们可以把"退休"时点定义为您的人力资本基本耗尽的时点，因为您已经无法再从人力资本产出任何收益，您将开始消耗过去已经积累的财务资源。

## 您可以从养老资产中提取多少钱？

从这个角度来看，退休规划的主要挑战是确保您在工作期间储备足够的财务资源，可供您在剩余年度（从退休到去世）进行分摊或平滑。实现这个目标要比听上去更困难：正如我们在第一部分看到的那样，仅仅把一部分钱放在那里，无论是国债、定期存款或包含股票和债券的多元化投资组合，并不意味着当您需要用时，它们具有真实的价值（考虑经通货膨胀调整后）。因此，考虑到这种不确定性，您怎么知道您需要存多少钱？您怎么知道何时已经攒够了钱？

### 平滑您的终生消费

多年来，金融经济学领域的研究人员和学者已经开发出一套准则，指导理性的个人如何在整个生命周期中消费他们的所有财富。这些准则通常被称为"平滑消费"。

这套准则认为，相比将您收入的固定百分比（例如5%、10%或15%）进行储蓄，确保您的生活水平始终保持相对稳定更重要。

因此，如果今年将收入的10%进行储蓄，将导致您的生活水平大幅度低于明年或后年的预期生活水平，那今年就不要储蓄。相反，重要的是保持平滑的生活水平，而不是平滑的储蓄率。

如何应用到退休收入规划中？

当您在设置退休收入目标时，确保您设定的退休生活水平没有过于超出您目前（退休前）的生活水平。我们没有必要在工作阶段吃糠咽菜，只为退休后大幅提升生活水平和退休收入，或是反过来，仅仅因为不再工作了，您退休后的生活水平将大幅度下降。相反，现实一些，平滑您的消费。

毫无疑问，这些问题的答案将取决于您打算退休后花多少钱。在这里，随着您步入退休阶段，我们可以使用生命周期的概念来帮助您规划退休生活开支。在我们详细讨论如何在退休后从您的养老资产中产生收入前，我们要特别介绍安全提取比例（safe withdrawal rates）这个概念。

有关退休规划的文献中，充斥着各种关于退休人员每年能从其资产组合中提取多少钱，而不会导致过度侵蚀其本金的讨论。许多理财规划师（当然戴着理财规划师的眼镜）认为，投资组合的最高初始提取比例应当是您的养老资产的 4%~5%，称为"安全提取比例"，退休规划刻意避免超过这个比例。但是值得注意，貌似这个安全提取比例永远不变。由此，这个比例，而不是金额，在您 65 岁、75 岁甚至 85 岁时都一样。

但这样真的合理吗？此处将用到生命周期模型。请戴上金融经济学的眼镜。当您进行终生资源分摊时，不应设定一个固定的生活水平或恒定的资产组合提取比例，您应当留出更少的钱用于年龄更老时的消费。戴上金融经济学的眼镜，您会削减 100 岁时的收入换取 80 岁，甚至 70 岁时得到更多收入。为什么会这样呢？因为如果您现在是 70 岁，您活到 100 岁的概率小于活到 80 岁的概率。因此，为 80 岁和 100 岁设定同样的权重不合逻辑，虽然这正是恒定安全提取比例方法的理念。

现在，您可能会认为平滑收入意味着在退休后放弃恒定安全提取比例。然而，相对于年金化，我们认为如果去世早，设定恒定安全提取比例确实浪费资源。相反，终生年金更有利于创造平滑收入流，且不留任何剩余资产。更重要的是，如果没有年金，您应当考虑活着消费的概率并平滑消费。回顾我们在第 2 章中讨论的在不同年龄还活着的存活概率。我们这里所说的正是那次讨论的结果。也就是说，最合理的做法是给退休早期分配更多资金，越到后面分配越少资金。这并不是因为随着您的年龄增大，您的花销会降低，甚至也不是因为货币时间价值的关系，只是根据您的存活概率来合理规划需要的生活支出。

### 您应该防范哪些风险：洪水或陨石？

如果还没有讲明白，我们再做一个形象的比喻：在恒定提取比例模型中，您计划在第 1 年、第 2 年、第 3 年、第 4 年、第 5 年、第 10 年、第 20 年、第 30 年设定一个恒定的支出水平（不论是组合的 4% 或是其他比例）。这就有点像拿出两笔金额相同的钱来修理房子，一笔用于被洪水淹了的地下室，另一笔用于被陨石击中的房子。尽管这两个事件都需要您使用储备资金，但房子被陨石击中的可能性远低于被水淹，因此拿出同样多的钱来防范这一风险没有任何意义。

同样的道理适用于规划您的老龄期间消费。通过金融经济学的眼镜，把资金用于可能性最大的情形（退休后的前几年），而不是可能性越来越低的情形（活到高龄）最为合理。现在我们不是对活到高龄的概率完全打折（不做储蓄），这一点在第 2 章已经说得很清楚。我们的建议是，应当有一个最优化的手段，确保在高龄时仍然有收入——这个手段与养老金有关，我们马上就揭晓答案。

### 您感到幸运？ 养老金、存活概率和退休支出

除了我们已经讨论过的存活概率，如何分配您退休后的资源，取决于您对长寿风险的容忍度。我们的意思是什么呢？如果您担忧长寿风险，您就留下更多的资源。但是，如果您愿意承受长寿

风险，您可以留出更少的资源。

您可能发现，我们刚才讨论的问题需要一些权衡。类似于您在建立养老资产组合时可能会碰到的风险—收益问题。在讨论资产组合时：如果您能容忍更高的风险（通过组合的波动率或金融资产价值的上下浮动来衡量），您的投资可能有别于风险厌恶型投资者，您可能获得更高的投资回报。但这一次，风险是您将活到高龄（这本身可能是一种幸运！），您需要容忍的并不是年龄本身，而是随机的、不确定的预期余寿。

**养老金改变游戏规则**

好吧，我们已经为讨论养老金和生命周期模型打下了基础。如果您没有养老金收入，关于厌恶风险和容忍风险的退休人员的退休支出的说法就都是真的。但养老金改变游戏规则，从退休收入规划的生命周期角度来看，这才是养老金的真正功能。

怎么会这样？基本上，退休后养老金将作为一个缓冲，让您比在没有养老金的情况下能够承担更多消费。所以如果没有养老金收入，您将非常担心您的开支超过储蓄，但是如果您有足够的养老金，或者您的年金化收入与您的期望支出还有一点小差距，即使活得很长，您也不会担心。如果真的活到高寿，您也可以依靠年金化收入来维持生活。因此，您可以在一个较高的支出水平上用尽非年金化财富，之后仅仅依靠养老金收入。请记住，如果您的养老资产中包含一些年金化收入，您将受益于死差收益，只要您还活着，就能充分保证您的收入。如果您有很高的计划支出率且没有养老金收入，您也不担心"人活着，钱没了"的风险，您仍然可能快速耗尽您的财富。但如果真是那样，我们怀疑您也不会读这本书！

如果您没有养老金收入且担心活得很长，那么您在达到高龄之前都不能耗尽您的财富，并且应当以更慢的速度消耗您的财富。如果没有任何养老金收入，那么您将永远无法完全使用您的财富。这个问题比您想象的更严重！如果完全没有养老金收入，无论您多老，您总是会担心花得太多。在您的内心深处，您会想："如果我还要活5年、活10年甚至活15年，该怎么办？"如果再想得极端一些，您会一直担心您将花完最后一个子儿。

从中我们得到的启示是，如果您同时拥有年金化资产和投资组合，那么在所有其他条件相同的情况下，养老金收入越多，在退休的头几年您可以从投资组合提取越多的资金。为了让大家更清楚，我们再说一遍：在最初阶段把部分养老资产年金化，使之转化成终生收入流，那么最终无论养老金的实际成本是多少，您在所有年龄都可以承担更大的花销和支出。即使在当下利率水平很低的情况下，获得1美元或1英镑的终生收入，需要支付的成本很高，但最终结果是您仍然可以负担更多的开销。也就是说，您可以用尽非年金化养老资产，因为即使花了这些钱，您还有年金化收入，只要您已经建立了充足的年金收入流来维持您的生活。您不需要任何资金储备。

从这个退休收入规划中得出的启示是：养老金收入可以支撑

您从资产组合中提取更多资金。在权衡及评估是否购买一些养老金产品，还是把钱留在养老资产账户中时，也需要考虑这一点。我们接下来将深入讨论如何做这种权衡，以及如何将资产配置到各种退休收入产品中。现在请记住：年金化将提高您的退休收入。

## 年金化如何影响退休收入可持续性系数？

接下来的内容比本书的其他部分稍微偏技术一些，我们提前道个歉。不过，这部分内容还是值得通读一遍，它是本书的主要观点，即在退休时应当将部分养老资产年金化，并提供了更进一步的说明。

在本部分我们将引入一些在考虑和讨论退休收入规划时非常重要的新术语。第一个概念是退休收入可持续性系数（Retirement Sustainability Quotient，简写为 RSQ）。建立一个退休收入计划，最基本的要求是回答两个方面的问题：我每年能花多少钱，以及我能花多少年？RSQ 为这些问题提供了答案。可以把 RSQ 想象成对您的退休财富的预测：考虑到您的投资的波动性、预期回报及您的寿命的不确定性，RSQ 可以测算您期望的生活水平的可持续性。

### 理解和测算退休收入可持续性系数

退休收入可持续性系数描述了您目前的退休收入计划可以持续运转的可能性。

我们可以把 RSQ 比喻成考虑多种因素作用下通过特定算法计算某一天的降水概率，这些因素包括生命表和经济条件，以及一些个人因素，如年龄、性别、健康程度，是否参加待遇确定型养老金计划或只是参加了一个储蓄计划（如 DC 计划或其他养老资产账户）。

RSQ 的数值范围可以从 100%（可持续性非常好）到 0%（完全不可持续、非常糟糕）。但与对恶劣天气的预报不同的是，您实际上可以做一些事情来改善糟糕的 RSQ：通过改变资产配置和产品配置来提升 RSQ。更重要的是，通过年金化部分养老资产，您可以改善并提高 RSQ。目前有多种方法或手段来计算退休计划的 RSQ，就像有许多方法可以计算一个国家经济的健康程度一样，如通过国民生产总值（GNP）、国内生产总值（GDP）、通胀率、出生时的预期余寿或某国货币的坚挺程度等。经济学家没有某种最好或最高级的方法，同理，RSQ 的计算也不存在某种最佳方法。但是我们推荐，并且将在本书中一直使用如下方法：

RSQ =（收入中年金化的部分）×100% +（收入中没有年金化的部分）×（1 - 资产组合破产概率)%

请注意，在其他条件相同的情况下，收入中的年金化比例越高，RSQ 就越高。同理，投资组合的破产概率越低，RSQ 值也就越高。养老资产的"破产概率"指随着时间的推移，资产组合完全耗尽的可能性。还要注意的是，当年金化收入成为唯一收入来源时，RSQ 为 100%，当所有收入都来自非年金化收入时，RSQ =

100% – 资产组合破产概率。

举例来说，如果期望退休收入的20%来自有保证的养老金，另外80%投资于某项有30%破产概率的平衡型资产组合（例如共同基金中的延税账户），RSQ = 20% + 80% ×（100% – 30%）= 76%。相反，如果您期望的退休收入有40%来自年金化收入，另外60%随行就市，那么即使投资组合的破产概率是35%，RSQ = 40% + 60% ×（100% – 35%）= 79%，还是比76%要高一些。

还有一个我们尚未分析的问题是，如何得到资产组合的"破产概率"，也就是在某个设定的支出率下，资产组合消耗殆尽但人还活着的概率。这个数字可以用公式计算得出，或通过如蒙特卡洛模拟之类的方法模拟得到。很多商业软件可以为您计算这个概率。

虽然我们讨论的这个问题存在各种变数，但这是理解和计算RSQ的数学基础。

可能比较明显的是，您退休后收入的可持续性，也是您的消费水平、资产收益率和个人寿命的函数。相比孤立地考虑消费水平，更重要的是考虑消费水平占总财富的比重。我们找到了一个简便方法来描述这个比例，我们称之为财富需求比（Wealth-to-Needs，简写为WtN），该指标只计算全部可投资财富与经过通胀调整的真实期望年开销的比值。我们稍后将给您举一些具体的例子。

# 财富需求比

我们把两个非常重要的数值相除后得到 WtN。分子（在分数线的上半部分）是您在退休时拥有的财富总额，分母（在分数线的下半部分）是退休期间您预计每年需要开销的总金额。WtN 会随时间、总资产和期望支出而改变。

要计算您的 WtN，只要把您的财富总额除以您预计每年需要的总开销即可。如果您的财富总额为 100 万美元（举个例子），您退休后每年需要的收入为 5 万美元，那么您的 WtN = 1 000 000/50 000 = 20。

如果您的财富总额为 50 万美元，退休后每年需要的收入为 2.5 万美元，那么您的 WtN 也是 20（500 000 美元/25 000 美元 = 20）。但是，如果您的财富总额为 50 万美元，而退休后每年需要的收入为 5 万美元，则您的 WtN 为 10。

您也可以用百分比来表示 WtN。WtN 值为 25 对应 4% 的支出率，WtN 值为 50 对应 2% 的支出率。WtN 值越大，支出率越小。如果您知道自己的 WtN，就可以算出您的支出率，支出率只是 WtN 的倒数，并以百分比的形式表达。

您可能注意到了，WtN 越大，在其他条件不变的情况下，财务状况越好。

请注意，我们的计算中并不包含人力资本的价值，也没有包含您房屋的价值或不打算在退休后提供收入的任何其他资产的价值。请记住，我们曾经说过，您可以把退休定义为您的人力资本完全耗尽的时点，这也是我们在 WtN 计算中没有包含人力资本价值的原因。

我们已经介绍和定义了 WtN 及 RSQ 的概念，接下来，我们将开始运用这些概念。图 9.2 展示了一位普通退休人员的 RSQ。我们将说明把两笔相同的养老资产放在两个截然不同的退休计划中，会出现什么情况。

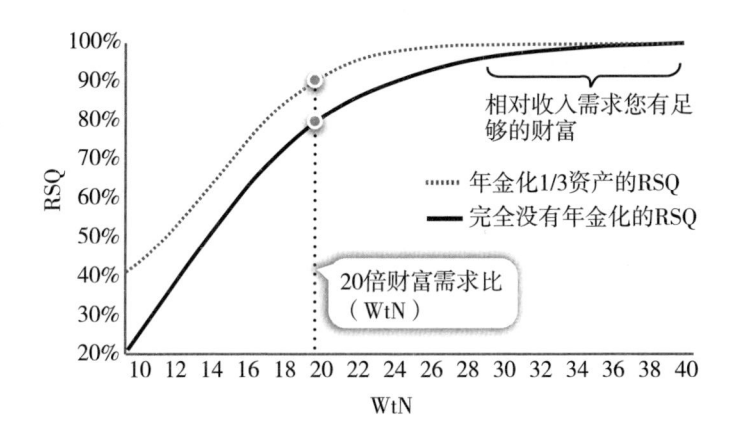

**图9.2　养老资产、年金化与您的 RSQ**

资料来源：由 CANNEX 旗下的 QWeMA 集团计算得到。

假设那位普通退休人员就是您。其中的一条曲线显示，如果您接受我们的建议并年金化部分养老资产，那么您的退休计划是健康的。在这个例子中，我们假设您的期望退休收入中有 1/3 来自年金化收入。另一条曲线显示，如果您选择完全无视我们的建议，不将任何养老资产年金化，那将会发生什么状况。

在仔细看这个图之前，重要的是您已经有某项退休计划和对应的 RSQ（即使您从来没有想过这个问题，也没有写下任何内容），您也有一个现成的 WtN，即使您之前从来没有听到过这个词。

现在可能要考虑，您目前的 WtN 和 RSQ 是多少，您认为目前的退休收入计划是否健康。我们随后会给您机会计算这些数字。但现在我们请您猜测一下，您可能会落在图 9.2 的哪个位置上。

回到这个图，它是什么意思？$x$ 轴（图底部）代表您真实的 WtN，我们之前已经解释过。请记住，如果 WtN 为 20，这表示您的养老资产是您每年希望领取的、经过通胀调整的收入的 20 倍。$y$ 轴（图左侧）表示不同的 WtN 对应的 RSQ。

让我们仔细看一下这张图。首先看一下那条底部标有"完全没有年金化的 RSQ"标签的曲线。当您的 WtN 从低（左）处移动到高（右）处时，RSQ 从大约 20% 提高到几乎 100%。请记住，当从左向右移动时，您的 WtN 在不断提高，这意味着您有更多的钱或者花费得更少。

从这张图可以看出，如果退休时您的养老资产只是每年开销的 10 倍，并且没有年金化收入，您的养老金收入的可持续性仅为 20%，您的退休计划以失败告终的可能性是 80%。但是如果您的养老资产比期望收入高出 40 倍以上，则您的退休计划几乎 100% 可以持续，无论您是否有年金化的收入。

这丝毫不奇怪，您拥有越多的钱（更高的 WtN），您的退休计划就越能持续。事实上，如果看"完全没有年金化的 RSQ"那条曲线，当 WtN 为 20 时（5% 的支出率），您会看到 RSQ 接近 80%。

回想一下，5%是许多理财顾问和规划师建议的最大领取率。但是如果看一下"年金化 1/3 资产"的那条曲线，当 WtN 为 20 时，您将看到 RSQ 值足足提高 10%，从 80% 提高到 90%。

换句话说，如两名退休人员拥有相同的养老资产，退休后也有相同的期望收入，因此 WtN 相同，且希望给后人留下相同金额的遗产，也可能会出现不同的可持续性系数。即使两人领取金额也相同，那个把自己养老资产的 1/3 进行年金化的退休人员，将会赢得这场考验可持续性的比赛。

## 养老年金：分步计算

为了清楚地说明如何计算，我们在这里举一个详细的例子。如果您退休时有 30 万美元，想获得每年 2 万美元经过通胀调整后的收入，则图 9.2 中的 WtN 是 15，靠近横坐标左侧。

如果您将养老资产中的 10 万美元年金化，您将有权得到每年 6 000 美元的年金化收入，并且是经通胀调整后的保证终生给付的收入。其余 20 万美元产生剩余的每年 14 000 美元（20 000 美元 − 6 000 美元）的期望收入。

因此，您预期的 2 万美元收入中，有约 1/3 的收入是 100% 保证可持续的（已年金化）。另外 14 000 美元必须从 20 万美元的剩余资产中产生，从图 9.2 可以看出，这个支出率（WtN 约为 14）只有 50% 的可持续性价值。

把两个值合并计算，用 14 000/20 000 的 50%，加上 100% 的

6 000/20 000，写成数学计算式就是：50% × （14 000/20 000） + 100% × （6 000/20 000），得到的 RSQ 为 65%。

我们的基本观点是：确保您有 1/3 的退休后预期收入来自年金化收入，RSQ 值从 55%（没有年金化）提升到 65%（年金化 1/3 的资产）。为什么？因为您把部分资产从没有长寿风险保障的产品，转换为有长寿风险保障的产品，从而提升了退休计划的可持续性。

65% 的 RSQ 是否足够？当然，相比 50% 的 RSQ，的确更好些。但还是远低于可以让我们过得很踏实的数值（90%～95%）。如果您的现状是这样，我们还是会建议您重新做预算并减少开支。我们在本章的前面部分已经强调，养老金在退休后的任何时点都会提升消费水平。在这里我们还要补充一点，年金化也会同时提高退休计划的可持续性及退休收入水平。希望我们的信息能深入您的内心：养老年金能让您保持高枕无忧。

## 年金化的真正好处

本部分想传递的主要信息是：在很高的 WtN 下，即相对于预期收入，如果您有很多养老资产，即您的 RSQ 几乎接近 100% 时，是否年金化关系不大。请记住，通过终生年金将养老资产年金化将影响您留给后人的遗产，因为这类年金化手段将资产不可逆转地移交给产品提供商。如果您使用混合型退休收入产品，可能会留一些遗产给后人。

同样，在图的另一端（较低水平的 WtN），RSQ 的值也相当低，虽然年金化起到了一定的作用，但此时的 RSQ 仍然有风险或不可持续。

年金化的真正好处在中间地带，您可以将 RSQ 从 60% 或 70% 提升到比较安全的 90% 甚至更高。这才是年金化的真正价值，它在中间地带提高了退休计划的可持续性，而不是在两端。

刚才我们谈到了年金化会影响您的财务和遗产，下一章将更深入地研究这个问题，并帮助您回答在进行退休收入规划时，可能会面临的最为棘手的问题。

# 第 10 章

# 无法回避的最困难的问题

在详细讨论如何将养老资产在养老金和其他退休收入产品之间进行配置之前,您必须问自己一个很棘手的问题,更重要的是您必须有一个答案!问题是这样的:您更爱谁,自己还是子女?谁更重要,是您还是他们?

当然,这是一个很尴尬的问题。如果不是因为您的最佳行动方案和这个问题的答案息息相关,我们不会提起它。

好吧,我们从稍微不同、更偏向财务的角度来诠释这个问题。这样想:您如此勤奋工作,在工作期间通过养老资产账户、资产组合和共同基金积累养老资产,目的何在?这些钱是真正用于支持自己的退休生活,还是打算给后人留下一些遗产?假设在一个从 0 到 100 的尺度上,您打算留多少遗产给家人和至亲,多少钱准备在活着的时候就花完?

现在,不论您是没有子女,还是有非常庞大且温馨的家庭,这个问题的答案绝对不是显而易见或理所当然的。您可能有很多已经成年、可以自立、不需要从您这里获得经济支持的子女和孙辈；或者面对这种情况：您可能并不真正喜欢其中任何一个。即使您没有子女，您也可能计划向您喜欢的慈善机构、协会、博物馆或图书馆进行捐赠。

我们再问一次："什么是真正更重要的呢？"当然，有些人也许会说"以上这些都是"，就像我们的孩子（甚至您本人）被问到在一堆甜点中想要哪一个时一样。但经济学的严酷现实是，我们不能满足所有人。请再次戴上金融经济学的眼镜。

那么，您知道该怎样给自己、孩子、慈善机构或利益相关方分配才是最合适的吗？事实是，这里并没有公式，也没有绝对正确的答案。我们知道，您可能要为此斗争一番。您会考虑一些不同的场景，或许还会咨询您的配偶或信任的顾问。但在这时，您并不需要得出一个最终结论。在第三部分，当我们带着您一步步年金化养老资产后，您可以在提高或降低分配给自己（退休后的可持续收入）和遗产之间做出权衡。现在，我们只是请您考虑一下如何在可持续性退休收入和财务遗产之间进行养老资产的总体分配。您的答案可能是50/50（您的和他们的），或25/75，或75/25（甚至100/0或0/100），只要给出一个您认为最佳的分配比例即可。

我们是这样处理的：根据您的不同偏好，您的整个退休计划和最优产品配置的差异会很大。举例来说，如果您希望在活着的时候牺牲自己的部分消费支出，去世后可以留下更多的财务遗产，那么您应该关注寿险及其他一些在您活着的时候赚得较少，但去世后可以支付更多钱的金融工具。但如果您更关心如何在有生之年最大化退休收入的可持续性,那么您应当在收入年金或终生年金上配置更多资产,并降低在寿险和 SWP 账户上的配置。

## 退休收入可持续性,还是财务遗产?

这个讨论的结果是,您对财务遗产的期望(在 0~100 的刻度上)就像在决定资产配置时的风险容忍度一样重要。还记得金融行业建议风险厌恶型投资者远离风险较高的股票、共同基金或单位信托基金吗?那么,这一点同样适用于退休后的产品配置。那些不操心需要留下财务遗产的人,应当把更多的养老资产年金化;而那些有强烈愿望留下一大笔财务遗产,但不怕活着时钱不够花的人,则不应把养老资产进行年金化。

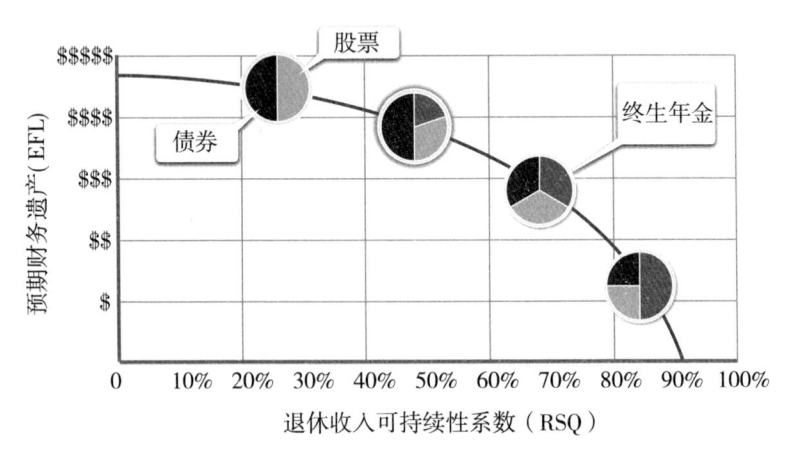

图 10.1 对这种权衡进行了说明。

图 10.1 退休收入边界线的概念解释

您应当决定希望生活在退休收入边界线（一条表示最佳配置状况的曲线）的哪个点上。您不能同时处于两个点上，也不能落在线外。那么，您想落在线上的哪个位置呢？这个图旨在说明，在退休收入边界线的不同位置上的产品配置变化情况。举例来说，如果退休人员想最大限度地保持退休计划的可持续性（在曲线的右下角），他可能购买终生年金或附带生存利益保证的变额年金、股票及债券；而希望把更多财产留给后人的退休人员（在曲线的左上角），可能只购买了股票和债券。我们在图中用不同的阴影表示不同的产品配置。

## 为遗产定价

我们刚刚引入另一个概念，它将直接影响到您的退休收入计划，即预期财务遗产（Expected Financial Legacy，简写为 EFL）。该指标指您预计能从养老资产中留下的财务遗产的现值。回忆一下，在这个案例中，我们使用的是数学里的概念"期望"，也就是所有可能值以发生概率为权重的加权平均值。它与终值有所不同，如寿险保单中的预期身故保险金（用的是终值）。相反，EFL 衡量财务遗产"期望值"（请复习专业词汇）的现值。EFL 的强大之处在于，可以将您的遗产和养老资产在同一基础上进行比较。如果您的养老资产是 80 万美元，预期财务遗产是 40 万美元，那么您可以得出，在任何时点上，您只需要将 50% 的养老资产用于提供期望的退休收入，您的遗产价值正好等于目前剩余资产的一半左右。

## 预期财务遗产

当您去世后，您的家人和至亲，以及您最喜欢的慈善机构将继承您的资产。这些资产就是您的财务遗产。

但是，我们很难在您还活着时预测您去世时究竟会留下多少遗产。如果您活得很长寿，在退休后花了很多钱，这样您将不会留下太多的财务遗产。

预期财务遗产估算的是该笔遗产的现值，也就是这笔遗产今天值多少钱。考虑您的健康程度、财富水平、期望生活水平及其他一些变量，通过一定的算法计算得出。

您可以通过购买人寿保险（为了获得身故保险金）、在退休后降低消费水平、参与更激进的投资获取更高的回报，或缩短您的寿命（我们不推荐这种方式）来提高您的EFL。

这里有一个更具体的例子，帮助您理解这种权衡。

想象一下，您真的非常希望给自己最喜欢的孙子留下10万美元的遗产。一种可能性是，直接把钱给他。这种情况下，显然您的成本是10万美元，但这与您之前希望留遗产给他的初衷不符，留遗产意味着在将来某天才发生，当然希望越晚越好。

另一种可能性是，您现在用4万美元购买一只面值10万美元、20年到期的零息债券。零息债券，顾名思义，就是不支付利息的债券（也就是说，您在持有债券期间得不到任何利息支付），并且它的价值在不断增长直至到期。如果您支付4万美元购买一只零息债券，您最疼爱的孙子将在20年后得到10万美元。对他来说，可能等待时间太长了。毕竟，如果您希望强尼在读您的遗嘱时能够拿到这张遗产支票，那么购买零息债券可能还得等上10多年，才能让强尼获得这笔遗产。

为了确保强尼在您入土时就能得到这笔10万美元的遗产，最有效的方式就是现在马上去保险公司，购买趸缴的寿险保单，这样可以保证当您去了另一个更美好的世界时，您的受益人强尼可以获得10万美元的身故保险金。如果您在65岁时购买这样的保单，大约需要花费1.5万美元，这比买一只4万美元的零息债券（效率低）价格更便宜，当然也比您现在一次性给强尼10万美元（如果您现在就把钱给强尼），更节约成本。

现在，让我继续说下去。

如果强尼确定他在您去世时将继承10万美元，他可能会找一个投资者，今天就把他应得的遗产给卖了。当然，这其中可能存在一些技术问题，因为您可以改变主意，并且投资者可能也并不信任您或强尼，但是从理论上来说，强尼现在就可以把他的遗产货币化。猜猜他能得到多少钱？很有可能是您必须支付给保险公司购买保单的1.5万美元。想一下：从金融经济学的角度来看，每个计划都有一个价格，每笔支付都可以被量化。

因此，去世时价值10万美元的EFL当前只值1.5万美元。如果您想给强尼留下20万美元，那么现在的EFL是3万美元，任何一个经济学家都会同意这一点。

## 在边界线上找到最适合的点

让我们更深层次地考虑这个问题。如果您打算把全部资产，包括您的房子、车子、马厩或养老资产组合都留给强尼，现在也可以算出您的EFL。与计算10万美元的身故保险金相比，或许这项计算并不容易操作，因为您并不能确定当您去世时，哪些东西还留着，但是可以计算，也应该计算。

现在您可能会疑惑：退休收入可持续性系数与预期财务遗产之间有什么关系？我们之前已经说过，每个理财计划都会同时拥有一个EFL和一个RSQ。但可能您也注意到了，我们并不是用同一个尺度来衡量这两个值：RSQ是一个百分比，而EFL是一个金额。那么这两个值如何放在一起考虑呢？

或许我们可以用另一种方式来思考RSQ和EFL之间的关系，就像我们在评估一辆汽车时，究竟是基于油耗还是动力来评估，换句话说，就是用两个不同的尺度来评估这辆车是否适合您。就像在买车时，您需要确保对一个变量（油耗）和另一个变量（马力）之间的权衡做了评估。

例如，假设您有一个50万美元的EFL，那么相应地，能给您带来这个EFL的退休计划的RSQ是多少呢？或者说，您有一个RSQ为80%的退休收入计划，那么您的EFL值是多少才能使您的计划可持续？我们的观点是，您需要测算这些值，了解退休计划的整体情况，从而知道您的退休收入计划将何去何从，这样才能规划您的退休生活，实现理想的状态。若只考虑其中一个值，就有点像闭着一只眼睛做规划。EFL 和 RSQ 都非常重要，您在设计退休收入计划时需要两者兼顾。

我们已经详细讨论了 RSQ，或可持续性。图 10.1 向我们展示了如何在 EFL 和 RSQ 之间做权衡。在右下角的计划，拥有高 RSQ 和低 EFL。也就是说，这个计划的主人已经决定（有意无意）优先考虑计划的可持续性，其次再考虑遗产：活着的时候得到更多收入，而不是在去世后留下更多的遗产。相反，在左上角的计划拥有高 EFL。这类计划的主人决定尽力把留给子孙的遗产价值最大化，同时以降低退休计划的可持续性（在世时的收入）为代价。

我们想说明的是，每个计划都会落在边界线的某个位置上，无论您是否知晓。也就是说，无论您的计划怎么样，都可以计算出 RSQ 和 EFL。如果您有 50 万美元，计划在 63 岁时健康退休，并且您希望每年从资产组合中提取 2.5 万美元，我们可以计算出您的 RSQ 和 EFL。如果您决定从这个组合增加或减少提取金额，我们也可以计算出每种场景下的 EFL 和 RSQ。根据您希望从组合中提取多少资金，您将在遗产/可持续性边界线（图 10.1 的这条曲线）做上下移动。如果沿着曲线往下（朝右下方）移动，那么您的退休计划的可持续性会增加，但以牺牲遗产为代价。如果沿着曲线向上（朝左上方）移动，那么您的遗产会增加，但以牺牲退休计划的可持续性为代价。稍后我们将更深入了解，当这条边界曲线上下移动时，会产生什么结果。

目前我们对于退休收入边界线的讨论，还处于比较理论性的阶段。但好消息是，我们将为您提供一些工具，让您可以自己动手进行测算（在第三部分）。但是，现在我们研究的是一个理念：财务遗产与退休计划可持续性之间的权衡。我们的观点是：您的每项退休收入计划都会落在遗产/可持续性边界线上的某个点。但不要陷入您不希望的那种局面！

第 11 章

# 年金化养老资产的 3 个关键问题

我们已经依次介绍了各大类产品，也介绍了退休收入规划的理论知识，希望这些内容能够解释如何在退休收入可持续性系数（RSQ）和预期财务遗产（EFL）之间进行权衡。

本章我们将会深入研究一个案例。以今年已经 65 岁的退休人员鲍勃为例，他想确定究竟该花多少养老资产，以及不同的支出计划会对他的退休计划的可持续性及财务遗产产生何种影响。

## 为退休人员鲍勃建立一个退休计划：案例 1~10

鲍勃最初考虑 7% 的支出率。也就是说，他想知道目前的养老资产是否可以支持他每年从每 100 美元的养老资产中支出 7 美元。在遗产/可持续性边界线上，根据这个支出率找到对应的点，他决定再试一下如果把支出率设为每 100 美元支出 6 美元或 5.5 美元，会发生什么情况。

图 11.1 展示了不同的支出率对鲍勃 RSQ 的影响及每个支出率对 EFL 的影响。可以看到，7 美元的支出率会产生他无法接受的低 RSQ（大约 60%）及低 EFL（大约 7 美元）。如果支出率下调到 6 美元，RSQ 值接近 70% 左右，EFL 也接近 20 美元，翻了一倍多。最后，如果他继续下调支出率至 5.5 美元，RSQ 将提高到 70% 以上，EFL 达到 25 美元。这些支出计划在图 11.1 中以案例 1、案例 2 和案例 3 标出。我们假设他的养老资产组合的预期收益率是 3.5%，波动率为 11.3%。

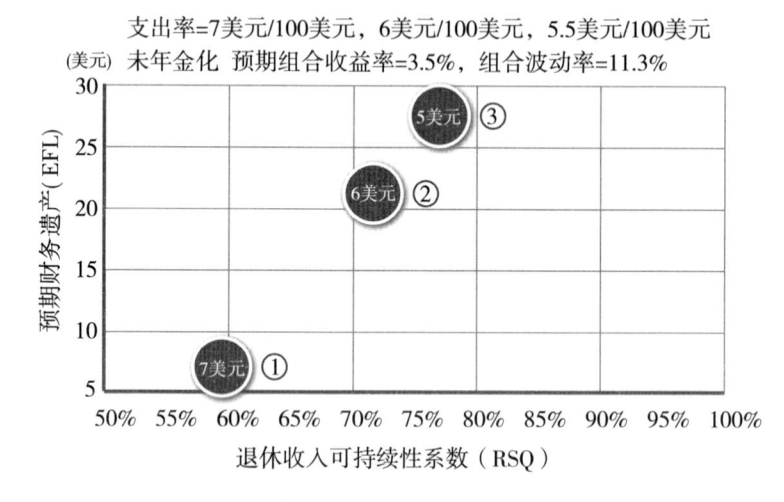

图 11.1 退休人员鲍勃在 3 种不同支出率下的 RSQ 和 EFL

一旦鲍勃设定了他的支出率（作为起点），并假设他对 RSQ 的底线是 70%，他准备研究年金化对他的退休计划将产生何种影响。在这些案例中，我们将研究，在鲍勃的退休计划中加上一个终生支付年金会产生什么样的影响。图 11.2 展示了当他年金化 0 ~ 40% 的养老资产时，退休计划在遗产/可持续性边界线上的移动情况。参见图11.2中的案例4~案例10。可以看出，提高养老资产的年金化比例，将提高RSQ，但以降低EFL为代价。在边界线的一端，年金化10%的养老资产提高了RSQ，从77%（案例3）上升到81%（案例4），但对应的EFL略微下降（从大约28美元降到大约27美元）。在边界线的另一端，案例9中，如果年金化40%的养老资产（终生支付年金），则RSQ上升至93%，与此同时EFL降至约23美元。

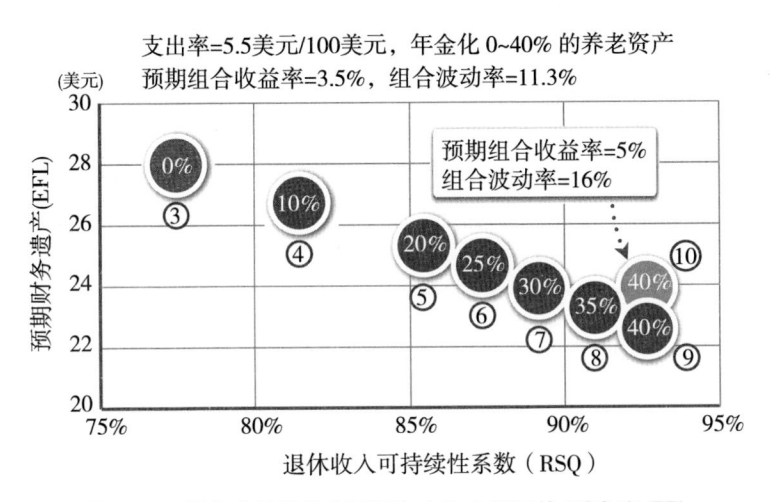

**图11.2 退休人员鲍勃在不同年金化水平下的RSQ和EFL**

您会注意到，鲍勃还研究了一种情况，参见图11.2中的案例10。在此情形下，通过提高未年金化资产的预期收益率和波动率，鲍勃离开了案例4~案例9构成的边界线，并高于边界线。在案例10中，他继续通过购买终生年金，将其总计40%的财富进行了年金化。由于他把较大比例的可投资资产进行了年金化，有了年金化资产作为依托，他的非年金化资产可以承受更高风险。鲍勃将他剩余的资产配置到了风险更高的投资中（有更高的预期收益率），这样带来的影响就是，这个点向上移动并且移出了退休收入边界线。也就是说，在相同的 RSQ 条件下（或零成本维持收入流的持续性），他能得到更高的 EFL。

表 11.1 中，我们以表格的形式展示所有数值，便于我们观察支出率、年金化、每个计划对应的 RSQ 和 EFL 之间的关系。

表 11.1 在不同的年金化水平下比较 RSQ 和 EFL：10 个案例

| 支出率 =（7~5.5 美元）/100 美元<br>预期收益率 = 3.5%（或 5%） | | 年金化 0~40% 的养老资产<br>波动率为 11.3%（或 16%） | |
|---|---|---|---|
| 支出率<br>每 100 美元（美元） | 年金化养老资产的百分比（%） | RSQ（%） | EFL（美元） |
| 7.00 | 案例 1 | — | 59.47 | 7.36 |
| 6.00 | 案例 2 | — | 71.37 | 21.33 |
| 5.50 | 案例 3 | — | 77.45 | 27.99 |
| 5.50 | 案例 4 | 10 | 81.47 | 26.66 |
| 5.50 | 案例 5 | 20 | 85.39 | 25.31 |
| 5.50 | 案例 6 | 25 | 87.30 | 24.62 |
| 5.50 | 案例 7 | 30 | 89.16 | 23.94 |
| 5.50 | 案例 8 | 35 | 90.97 | 23.25 |
| 5.50 | 案例 9 | 40 | 92.70 | 22.55 |
| 5.50 | 案例 10 | 40 | 92.72 | 23.84 |

花几分钟思考一下鲍勃的路径和计划，我们在第三部分中将会更深入研究年金化养老资产的问题。

## 年金化的成本是多少？

您可能对一个问题心生疑虑："年金化的成本是多少？"尤其是，您可能已听说有些金融产品价格很贵，您可能会质疑，您的资产价值是否会被年费和其他管理成本大量侵蚀？

答案是每项选择都有成本。在图11.3中，我们展示了不同类型金融产品的年均成本。从图中可以看出，一些属于退休收入计划的产品，实际上没有年成本，而另一些产品收费300个基点（3%）甚至更高。我们明确告诉大家，虽然各家保险公司出售的各类终生年金不收取任何后续管理费，也不设年度管理费率，但是它们不会像公共服务那样免费提供。保险公司会以内嵌费用的形式赚取一些利润，也就是说，您是通过得到稍低一些的收入来

|  | 美国 | 英国 | 加拿大 | 澳大利亚 | 新西兰 |
|---|---|---|---|---|---|
| 逐缴的收入年金，年费 | 内嵌费用，但比传统的资产管理费便宜 |  |  | 既有内嵌费用，又有直接费用 | — |
| 政府债券的息票，总年费 | 0% | 0% | 0% | 0% | 0% |
| 交易所交易的权益型基金，总年费 | 0.5%~0.85% | 0.1%~0.8% | 0.5%~0.85% | 0.1%~1.2% | 0.5% |
| 共同基金，总年费 | 0.87% | 1.13% | 1.84% | 0.89% | 1.75% |
| 附带终生收入保证的高权益投资型变额年金，总年费 | 1%~4% | 1.25%~3.5% | 3%~5% | 1.5%~4.3% | — |
| 不清楚自己要怎么做的成本 | 无限 → | | | | |

**图11.3 年金化的持续成本**

注：目前新西兰还无法购买终生年金和变额年金，详细信息来源见本书注释。

支付这笔费用。但是，一旦保险公司承诺对您进行确定金额的待遇给付，保险公司就不能随意降低您的待遇水平或提高任何费用。相比之下，共同基金或专户基金，每天都会产生新的费用。这就是为什么我们在表中的终生年金项下列的是0%，但请注意，还是存在年金化的内嵌成本。

您可能注意到，图11.3的底部列出了一种情况，就是当您不清楚自己要怎么做时，成本是无限的。对我们来说，这正是成本问题的核心所在，重要的不是年成本是多少，而要考虑您是否从支付的费用中得到了真正的价值。

不要误解我们：我们认为，知道成本是多少（无论是金融产品、理财规划，或两者兼有），是一个明智投资者的重要素养之一。但我们不认为投资收费一定是件坏事。我们认为，您应该问自己："我从这些付出的成本中得到了我想要的东西吗，包括我对退休收入计划是否满意？"

我们不建议您避开各类费用或采取最低成本的方案。相反，我们的重点是确保您获得一个能实现特定RSQ和EFL的退休收入解决方案。如果您对这个问题还没有答案，那么您可能要花些时间考虑一下，与您的理财顾问建立什么样的合作关系，以及想以什么样的方式配合理财顾问将您的养老资产进行年金化。同时，为了买到本书提到的一些产品，您需要一位有资格证书的理财顾问。如果您正在规划退休收入策略，那么在做这个决定时要谨慎一些，尽量选择信誉和口碑良好的理财顾问。

## 如何挑选理财顾问

本书充满了各种概念，因此您可能需要聘请理财顾问协助您，根据您的个人情况运用这些概念。但是，如何选择理财顾问呢？

理财顾问的种类有很多，包括会计师（为您提供税务问题的咨询服务，帮助您准备和提交报税单）、理财规划师（运用理财规划流程，帮助您找出实现生活目标的方法，通常理财规划师会了解您所有的需求，包括预算和储蓄、税收、投资、保险和退休规划）、保险代理（持有牌照出售寿险、健康险、年金险和其他保险产品），以及投资顾问（通过提供证券投资建议获取报酬）。

每一类型的理财顾问都有自己的优势和专业领域。请记住，这本书是关于退休收入规划的，所以无论您选择哪类顾问，他都应该具备退休阶段（非积累阶段）理财规划的专业技能。

事实上，我们写这本书的初衷之一就是，我们认为理财顾问行业对人们退休后的消费阶段关注不足。所以如果您在阅读本书过程中，被书中描写的这些事实说服，想要找理财顾问帮您年金化养老资产，那么在考察顾问时，要特别评估他们在建立可持续的终生退休收入计划方面的兴趣和专业经验，也就是看您挑选的理财顾问能否帮助您定义和测算财富需求比、退休收入可持续性系数、预期财务遗产等工作内容。

## 何时进行年金化？

您可能会问自己其他问题："我应该从什么时候开始年金化养老资产？我需要一次性完成年金化还是分步年金化？"

所有这些问题的答案是：年金化是一个渐进的过程，可以早至50岁左右开始（如果您考虑购买递延收入年金），最晚到80岁结束。

事实上，我们在本章中介绍了很多理论和概念，目的是帮助您理解并设定年金化的时间进程。我们已经告诉您财富需求比（WtN）会随时间流逝而改变，RSQ也会变。我们认为，您应该在预计退休年龄的前10~15年就开始着手考虑这些问题，仔细考虑该怎样迈出第一步，并及时迈出第一步。

我们曾经指出，如果您说："我要把钱都留在股市里直到退休，那时我会把所有资产都年金化。"那么您将面临各种不同的风险。这些风险包括：当您想买年金时您的养老资产价值下跌，导致您购买的年金价值可能处于历史低点。我们也曾指出：如果在高龄时购买年金，年金购买成本会更高。

在我们看来，您应该使用本书提出的概念，帮助您随时了解目前在退休收入边界线上的位置。如果您发现自己所处的位置不合适（RSQ或WtN太低），那就使用年金化这个工具，让自己处于退休收入边界线上更加适合的位置！

我们建议您定期评估RSQ和EFL，这种评估可以每年做一次。另外，如果您的情况发生变化，您的RSQ可能也会改变。有一种情况可能会让您担心，那就是在您即将退休或刚退休时，您的资产价值有较大幅度的下跌。如果您希望在年金化之前特别谨慎地规划退休计划，那么我们建议您根据现有资产价值计算 RSQ，然后假设资产价值下跌 20% 再算一次。如果市场下跌后，您的 RSQ 剧烈下降或处于您无法接受的数值，您需要采取行动保护您的养老资产免受市场波动的影响，例如购买附带生存利益保证的变额年金，或可以提供保证终生收入的其他产品。但归根结底，您的 RSQ 可以改变，也将会改变。我们将在本书的第三部分为您提供工具进行一些计算，别走开。

### 何时开始领取待遇？

现在，一些读者对"我应该什么时候年金化"有不同版本的答案。如果您已经购买了提供年金化收入的产品，但需要决定何时开始领取待遇，您怎么知道什么时候开启这个按钮？这里我们要强调，这部分讨论针对那些已经拥有可以提供终生保证收入产品但还没开始领取的读者群体。

下面是我们的一些想法：请回忆一下，附带保证收入附加险的变额年金，允许您投资由股票和债券组成的多样化资产组合，但您为这份保险单（指保险行业中的"附加险"）支付了 1%~3% 的额外费用，允许您从资产组合中得到有保证的终生收入，无论该组合中的股票或债券的收益率有多好或多糟。对于购买者来说，购买这个附加险的理由有二：一是投资账户里的钱可能在某天完全领取干净，二是您有可能活得比那一天还长。

重要的是，要理解当您的基础投资账户中的价值为零时，您的保费支付实际上就结束了。所以，如果单看这个问题，您能越快停止缴费越好，这也意味着您越早开始领取越好。

但您可能会问，如果我推迟启动变额年金的待遇领取，是否会有一个更高的保证领取基数，因此有更高的保证待遇领取水平？我们的观点是，这些特点虽然很诱人，但是还不足以让我们继续等待。

在第 6 章我们已经讨论了这个观点的理论基础，当时我们考察了即期年金和递延收入年金的成本，以及购买者年龄差异导致年金化收入定价的改变。请记住，如果您较晚才开始领取您的退休收入，那么您可以用相同数量的钱购买更多的年金收入。但是，由于您推迟从变额年金中领取收入，您将以等待更长的时间为代价。

比如，您现在 65 岁，很犹豫是否现在就开始领取有保证的生活收入待遇，它可以为您提供每月 1 万美元的收入，或者推迟到一年后（我们使用 1 万美元/月以便于计算）。您很清楚如果推迟领取，或许能根据市场表现重新设置您的领取基数。那么（如果从 66 岁开始）您应该得到多少收入才能完全弥补您没有得到的收入（如果从 65 岁开始）？

事实证明，这不是个人喜好问题：它可以用精算技术计算出明确的答案。这很像我们之前看到的年金成本的计算，我们可以计算出在不同年龄购买年金的成本。如果算一下，您就会发现，这个例子中的盈亏平衡点是推迟一年每月要得到 10 680 美元的收入。也就是说，您每月还需要 680 美元或 6.8% 的额外收入，才能弥补 65 岁和 66 岁之间那 12 万美元的损失。

这是意味着您应该推迟领取，还是马上领取呢？我们可以用刚才举过的例子来分析这个问题：如果您的附加险承诺晚一年开始领取待遇，可以再得到 6.8% 的额外终生收入，或者您确定保证领取基数明年会提高（扣完各种费用后）且超过 6.8%，那么就再等上一年吧，考虑从 66 岁开始领取收入。但是，如果其中任何一个问题的答案是"否"的话，也就是您的附加险不会承诺给 6.8% 的额外收入，或者您不确定明年的基数增长会超过 6.8%，那么通过计算我们知道，您应该马上开始领取收入。

如果到 75 岁开始领取，这个观点就更有说服力，这与我们根据购买者年龄及开始领取收入的年龄，计算即期和递延收入终生年金价格的道理一样。在 75 岁时，这个门槛收益率是 9.4%，这是在最好的市场条件下也无法超越的收益率。

## 您应该何时领取社保？

阅读这部分内容时，您可能想知道我们正在讨论的这些概念，是否也适用于决定何时领取公共养老金，如美国的社会保障退休待遇。

然而，何时领取公共养老金，已远远超出本书的范围，因为根据您本人的实际情况和个人偏好（如是已婚还是单身、是否有子女、是计划"早领"还是"晚领"公共养老金等），在做决定时会产生很多种排列组合的结果。

相反，如果您身在美国，且正在寻找关于您退休财务方面的信息，我们建议您搜索以下这些网站获取更详细信息：

- maximizemysocialsecurity.com
- socialsecuritysolutions.com
- "Efficient Retirement Design" at siepr.stanford.edu

以上3个网站对社会保障相关的复杂问题投入了大量的时间和精力。

表11.2展示了不同年龄购买者的"回本率"。请注意，55岁的回本率和75岁的回本率有何不同。您可以看到，在比较年轻、投资账户中主要是高收益资产时，有一定可能性战胜回本率，但是到了60多岁或70多岁时，就再也无法战胜了。

表11.2 林中多少鸟才能胜过手中的一只鸟

| 目前年龄（男性） | 从今天开始的保证终生月收入 | 精算上相对于明年开始的收入 | "回本率" |
| --- | --- | --- | --- |
| 55 | 10 000 美元 | 10 539 美元 | 5.4% |
| 65 | 10 000 美元 | 10 680 美元 | 6.8% |
| 75 | 10 000 美元 | 10 936 美元 | 9.4% |

但请记住，每种情况都是独一无二的，如果您有一份变额年金保单，可能还会包含其他附加险和功能，如提升最低身故保险金，或提供联合年金，这些附加险和功能的增加，都意味着计算会更复杂。我们的最基本的出发点是：您应当理解推迟领取的成本及当前启动待遇领取的好处。

在本章中，您学习了与年金化养老资产相关的一些最难的概念。我们的最基本结论是：运用目前还存在的一种最古老的金融产品，即终生支付年金来实施年金化，可以提高您的退休收入可持续性，当然这必须与您的预期财务遗产做出权衡。

但是，所有这些概念都是从现在就考虑年金化的人群的视角来进行介绍。在本部分的最后一章中，我们将激活一架时间机器，重新讨论两位在引言部分已经遇到过的格舒特女士。

# 第 12 章

# 深层次分析年金化的承诺

您还记得我们在引言里曾提到的两位格舒特女士的故事吗？回顾一下，两位格舒特女士都是 85 岁、身体健康，但格舒特 1 在退休的时候将其养老资产的一部分年金化，而格舒特 2 没有。结果是，在退休生涯里，格舒特 1 过着财务无忧的生活，而格舒特 2 则每年都面临复杂的财务决策困境。

在引言中，我们已断言格舒特 1（已年金化养老资产）会比格舒特 2 过得更好。这个论断相当武断，对不对？在本章中，我们将更细致地分析两位格舒特女士（一位年金化了养老资产，另一位却没有）的案例，来支持我们的判断。我们也将为您提供一些计算方法和工具，帮助您更深入地分析自身的情况。（在开始之前，我们建议您将这一章视作本书中"免修学分"部分，因为我们将介绍一些技术性概念，来支持格舒特的决定。不过，我们认为这些概念有助于理解退休人员迫切需要考虑的决定，因此我们诚邀您继续阅读！）

当我们遇到两位格舒特女士时，她们都是 85 岁，但是格舒特 1 在 20 年前即 65 岁时，就将其养老资产的一部分年金化了。格舒特 1 确信她将因之过得更好。让我们回顾一下她做出这个决定时的考虑。

## 激活时间机器：回到格舒特 65 岁时

当格舒特考虑是否年金化养老资产时，她考虑的第一个问题是：年金化是否会给她带来更好的结果？我们如何回答这个问题？

在年金化之前，格舒特的投资组合由传统的股票、债券、交易所交易基金等金融产品组成。这些产品几乎都能通过收益率（或投资回报率）的方式进行衡量或比较，通常表示为某个年化收益率数值。例如，共同基金的收益率为基金投资组合的回报（股息、利息等）减去基金管理费用。投资者可以运用投资收益率数据，轻松比较不同的投资选择。

但是，我们如何评估那些只要受益人活着就一直付款的收入年金或类似产品的收益率呢？例如终生年金，随着每年持续支付，收益率也随之持续上升，刚开始支付的早期年份收益率低，随着时间的推移会逐步上升。

我们将使用一些数字来帮助您分析年金收益率。在 2014 年 12 月，一位健康的 65 岁的美国妇女能以 10 万美元购买一份收入年金，其中包含一个 10 年期的保证支付，每月收款约 525 美元。10

年期或"某个期限"的保证支付，意味着将至少支付 10 年。为了明确 10 万美元的终生年金的最终收益率，我们需要知道购买者能活多久，但我们无法提前知道。

让我们花一点时间深入探讨这个问题。对于一大群健康的 65 岁女性而言，我们可以说，平均而言她们能再活 25 年。正如我们在第 2 章中提到的，这是她们的预期余寿。但是，格舒特认为，支持她实施年金化的一个关键因素是她认为自己会活得比平均值要长，她想安心确信，直到她去世那天，都能从收入年金中领取养老金待遇。换句话说，保险公司在她的余生都会向她付款，这一点对她非常重要。

正如我们在第 6 章中指出的，有些人会比其他人活得更长，收入年金是一种工具，由寿命较短的人向那些活得更长的人补贴退休收入（死差收益）。再次强调：没有人知道他们是否会活得比平均寿命长。关键是，如果购买者——您、格舒特或任何人，活得超过平均寿命，将面临生息资产消耗殆尽的风险。收入年金允许将您这种风险转移给保险公司。

所以，如果格舒特想获得退休收入保障，她最终要考虑将养老资产年金化，或者购买提供终生收入保障的年金或金融产品。在这个案例中，我们将使用第 6 章介绍的例子。她应该现在买一份收入年金保险还是先买一份其他产品，在今后的某一天再买收入年金产品（那时候产品更便宜，因为她年龄更大了）？我们将分析在第 6 章首次提出的隐含长寿收益率（ILY）这一指标，争取找到这个问题的答案。

## 终生收入：现在还是以后？ 隐含长寿收益率

假设格舒特已经精心计算了她的退休收入需求，并且知道需要从她的投资中赚多少钱以满足该需求。我们还假设格舒特正在考虑购买一份收入年金，并且已经饶有兴趣地阅读了曾祖母的扑克牌赌局（虚构的），她想知道是否应该推迟购买年金保险的时间，从不断增长的死差红利中获益。

大多数人都困扰于思考和规划自己未来的生活，感到不确定性太强。因此我们选择一个 7 年的规划期以增加一点确定性。具体来说，格舒特现在不知道是（A）在 65 岁时购买年金，还是（B）购买一个在 7 年内能提供相同月收入的流动性产品，7 年后再买年金，那时候年金会更便宜（同样的购买价格会提供更高的月收入）。图 12.1 分析了 A 计划和 B 计划这两个选项。

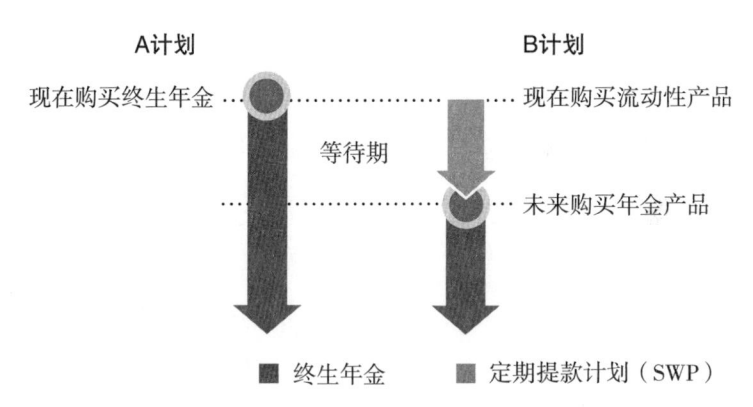

图 12.1 终生收入：现在还是以后？描述隐含长寿收益率

分析格舒特问题的另一种方式是：未来 7 年中，她需要从流动性产品中获得多高的收益率，才能等同于未来 7 年每月领取养老年金所获得的收入，同时她要有足够的钱在 7 年后购买同样的收入现金流？

我们可以将这个问题视为计算收入年金的 ILY。解答这个问题所需的数学计算并不简单，但我们通过一个计算工具即可得出答案。在这种情况下，格舒特需要在未来 7 年中获得 4.6% 的年保证收益率（扣除佣金和费用），这样在未来 7 年内她的投资能力每年都要与一家保险公司相当，才能在 7 年后有足够财力去购买收入年金。这就是 65 岁的格舒特适用于未来 7 年的隐含长寿收益率。

技术上看，如果通过定期提款计划来满足其等待期内退休收入需求，在特定等待期内个人运用其可投资资产所获得的内部收益率应当等于 ILY 值。进一步分析 ILY 的含义：如果 ILY 值比目前其他投资渠道的收益率更高，那么马上进行年金化将获得更多收益。ILY 指向退休人员提供同等水平的养老金待遇，资产组合需要获得的基准收益率。

如果您正面临着与格舒特相同的问题，如何让 ILY 计算对您有用？如果您有兴趣计算 ILY，如果您是美国或加拿大人，可以登录 www.pensionizeyournestegg.com 网站，在那里可以找到更多信息和 ILY 计算工具。如果您决定推迟几年购买收入年金，这项工具可以为您设定投资目标提供帮助。推迟年金化，期待后续能获得更好的收益率，您面临的风险是投资收益不够支持未来定期收入，以及用于购买未来年金产品的成本。ILY 计算器会告诉您阈值或基准收益率是多少。

这并不是说每位 65 岁的人都应立即购买收入年金。正如第 9

章所述，有的人接近或已经退休，并不会真正面临耗尽养老资产的风险，因为他们拥有很高的财富需求比（WtN）。

还有一些人可能确信市场利率会很快上升，并想知道他们是否应当由于预期利率上升而推迟购买年金。在第6章，我们谈到了利率如何影响年金收入，在曾祖母的扑克牌赌局中，我们看到，长寿赌约合同的投资收益率和整个基金的利率之间的利差或差异，随着曾祖母的年龄呈现指数式增长（也就是说，它的增长率比它占整体的比例增长的速度更快）。

如果您预期市场利率上升，或者您只是想知道利率变化会如何影响年金收入，您该如何分析利率变化对您的年金化计划可能产生的潜在影响？下面我们将仔细分析利率变化和年金收入之间的关系。

## 终生收入：现在还是以后？ 利率变动的影响

在本章前面部分，我们使用 ILY 得出：从投资组合获取收益并维持投资组合的购买力，很难超越一个65岁购买者的收入年金所提供的收益水平。

然而，ILY 未将未来利率变化考虑在内。相反，它假定利率不会从目前的低点改变（或者，如果在您阅读本书时利率上升，该工具假定利率仍将保持在较高位）。

因此，当格舒特着手考虑将其养老资产年金化时，另一个问题是，如果预测利率将在未来几年内上升，她是否应该推迟购买年金产品？这个问题同样也适用于您，如果您认为利率将在未来几年上升，是否意味着您应该等一段时间再考虑年金化？

为回答这个问题，首先探讨利率水平与年金收入之间的关系。第 6 章介绍了"收益率曲线"的概念，它描述了类似的固定收益类证券的收益率和期限之间的关系。由于风险与时间长短相关，一个正常的收益率曲线应该是，期限较长的债券相对较短期的债券有更高的收益率。

收入年金的收益率由长期公司债券的收益率所引领。在美国，年金收益率跟随美国国债收益率曲线变化，后者比较不同期限的美国国债的收益率，债券期限有 1 年期、5 年期和 30 年期。

再回到 65 岁的格舒特，她的问题是：如果将我的部分养老资产进行年金化以产生稳定收入，但预期利率可能会在未来几年上升，我是推迟购买年金，还是现在买更加合适？

为了帮助格舒特和您回答这个问题，我们将使用另一种创新工具，来帮助做出是否年金化的决定，这个工具考虑到随着时间的推移，利率变化对年金收入的影响。比如，格舒特正在考虑推迟 5 年直到 70 岁时才购买年金。我们进一步假设，如本章前面所述，她打算用 10 万美元的养老资产购买年金（不论是现在买还是 5 年后买），无论是通过年金（我们在本章前面探讨过的有 10 年保证支付的终生年金），还是通过定期提款计划，她的月收入在两种情况下都为 525 美元。

在 2014 年中期，美国国债收益率曲线显示 1 年期、5 年期、10 年期、30 年期的国债年收益率分别约为 0.2%、1.7%、2.4%

和 3.1%。在这个例子中，我们指美国利率。假设格舒特选择在等待期投资 5 年期国债，以保证她计划用于购买年金的钱在 5 年后准备购买年金时仍然可以买得起。

现在，为了比较与 2014 年中期不同的利率水平下，利率变化对格舒特的年金收益率的影响，以决定她是否应该推迟年金化，我们需要选择或假设几种不同的未来利率。如果我们评估利率上升对格舒特的年金购买决策的影响，我们假设利率上升多少呢？

在这种情况下，至少出于比较的目的，我们假定格舒特预计以美国国债收益率曲线表示的利率会上升到过去 10 年的最高点。在过去 10 年中，国债收益率的最高点出现在 2008 年，当时 1 年期、5 年期、10 年期和 30 年期的国债收益率分别约为 2.5%、3.75%、4.25%、4.75%。因此，在 5 年内，当格舒特准备购买年金时，如果利率处于高位的有利条件下，格舒特是现在就购买，还是等待 5 年后才购买？

## 一种决策辅助工具："如果我等待会如何"

同样，正如本章前面所述，计算和比较这两个选项所需的数学计算比较复杂，但我们有一款工具可以帮助您计算这些"假设"情景。如果您访问 www.pensionizeyournestegg.com，可以找到一个免费计算工具名叫"如果我等待会如何"，将帮助您评估在特定情况下，收益率曲线变化对年金收入的影响。

表 12.1 显示"如果我等待会如何"工具计算得到的涉及格舒

特的结果。在这个表中可以看到,我们输入了格舒特的年龄和性别、收入年金的保证期限、她考虑进行年金化的养老资产金额(指可用于年金化的资产数值)、她预期收到的最佳月收入(如果现在购买收入年金)、她在等待期的预期收益率(5年期的固定收益投资可以获得1.5%的年回报)。我们假设如果她不马上购买年金而是选择等待,她每月从投资组合的提款与收入年金一样,为每月525美元。

表12.1 如果格舒特等待会如何?关于年金决定的分析

| 如果我等待会如何?案例演示 |||||
|---|---|---|---|---|
| 目前年龄 | 65岁 | 等待期预期收益率 | 1.5% ||
| 性别 | 女 | 等待期月提款额 | 525美元 ||
| 保证支付期限(年) | 10年 | 购买年金前的等待期 | 60个月 ||
| 可用于年金化的资金值 | 10万美元 | 长期公司债券利率 | 现在 | 预期 |
| ^ | ^ | 1年 | 0.25% | 2.5% |
| ^ | ^ | 5年 | 1.5% | 3.75% |
| ^ | ^ | 10年 | 2.5% | 4.25% |
| ^ | ^ | 30年 | 3.5% | 4.75% |
| 目前可以获得的最高收入 | 525美元 | 如果推迟购买的预计月收入 | 518.26美元 ||

表12.1的分析告诉我们什么?基于已经设置的格舒特的相关要素和假设条件,我们可以看到,她现在买年金会稍好一些,而不是推迟购买年金。现在就购买年金,她从年金中获得的月收入比推迟购买要多。"如果推迟购买的预计月收入"的计算结果见

表 12.1 的底部。

我们还可以看到，如果格舒特能够找到一项像保险公司提供的保障一样靠谱的投资，并且足够灵活允许每月提款，能在等待期支付年 2% 的回报，那么她推迟购买会稍好一些。因为我们假设她在等待期的收益率是 1.5%，如果她可以提高收益率，在不考虑风险前提下，她可能会更好。

到目前为止，本章我们用两个模型帮助格舒特决定是否要年金化养老资产：在 65 岁年金化，还是继续等待直到 70 岁或更晚再年金化。基于这些计算、我们输入的假设条件和要素，很明显，收入年金的收益率高低，不应成为阻止格舒特在 65 岁时购买收入年金的理由。

但是，我们也知道，这两个计算考虑了收入年金的收益率，同时我们充分认识到，收益率是一个难以把握的因素，很难在具体条件下衡量。虽然投资者可以有不同的投资选择，这对于您构建自己的退休收入计划非常有用，一旦您退休，您和格舒特可能更感兴趣的是有把握的事情，如保证您有一张足够大额的支票来满足您对收入的需求（与比较各类金融工具的收益率相比）。也就是说，重要的是——您的整体战略能否保证在您退休时，能持续满足您的收入需求及财务遗产目标？

在这本书的几个地方，我们都已经说过并试图证明：在资产组合中增加收入年金或其他年金产品（例如有保证的终生收入待遇的变额年金）是有益的，即年金化养老资产将有利于增加您的退休收入组合的可持续性。在本章，我们讨论了格舒特是否应该在65岁年金化或继续等待,基于如下考虑:首先是隐含长寿收益率(未考虑利率变化的影响),随后再考虑利率变化对年金收入的影响。下面我们还要指导您进行一组计算,将提供更为靠谱的关于年金化如何影响退休收入计划成功与否的例子。

**超越收益率:年金化养老资产的成本收益权衡**

首先,我们重新审视在没有年金化养老资产时,您的退休收入是如何产生的。目前使用的最常见的策略是某项定期提款计划(SWP),我们在第7章、第9章介绍过SWP。当我们考虑退休收入计划,力求超越收益率和收益率曲线等抽象的概念时,我们可能要面临一个问题,从财务角度来看,随着通胀率上升,年金化是否能超过某项年提款率为4%的定期提款计划的待遇。

让我们回到格舒特65岁时的例子。我们假设格舒特拥有40万美元的可投资资产,投资组合包括60%的权益类资产和40%的债券类资产。她想知道购买10万美元的收入年金(在前面的例子里,每月支付等额的525美元或每年6 300美元)是否为有利的退休财务安排。在这个例子中,我们假设股票的年回报率为5%,债券的年回报率为2.5%,年通胀率为1.5%。

至此,我们知道,是否购买一项收入年金,需要与购买其他金融产品或保险产品进行比较。格舒特如果购买了年金,将移交10万美元资产到保险公司;作为交换,她也将死亡前资产消耗殆尽的风险转移给了保险公司,因为只要她还活着保险公司就要支付养老金。

请注意，收入年金每年支付 6 300 美元，持续高于她从投资组合中通过 4% 的固定提款计划每年提取的 4 000 美元。这意味着，格舒特在有更多退休金可花的同时，不会增加耗尽自己资产的风险。

我们使用格舒特案例的数值和假设创建了一个图。图 12.2 说明使用收入年金产品来年金化养老资产的成本收益权衡。接下来，我们介绍如何理解图 12.2：线从零点开始（在左下角，$x$ 轴和 $y$ 轴相交处），显示格舒特从 65 岁到 100 岁（未假设她将活多长时间）从年金获得的收入。这个量随时间累积，如图所示。

相反，另一条线以 10 万美元为起点向下延伸，显示格舒特购买年金的行为对其财产的影响。如果她活得不长，如 65 岁后只活几年，那么相对于她没有购买年金，购买年金时的资产总值会低一些。正如您观察到的，格舒特活得越长，购买收入年金对其资产的负面影响越小。

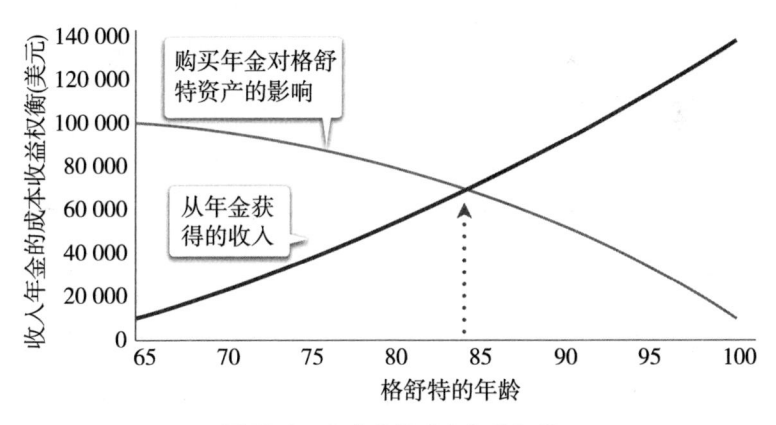

**图 12.2　年金化的成本收益权衡**

总体上看图 12.2，两线之间的距离代表从购买的收入年金中获得的经济利益（图右侧）或财务损失（图左侧）。注意，在这种情况下，两条线大约在退休 20 年时交叉。换句话说，如果格舒特在 65 岁以后活 20 年或以上，她将从购买年金中获利。如我们在第 2 章所讨论的，我们没有办法去预测她能活多久。不过，我们仍然有一些统计数据，可以帮助我们思考 65 岁以后我们能活特定年龄的概率（我们在第 2 章中首次引用这个数据，当时我们讨论了生命年表）。

格舒特再活 20 年以上的概率有多高？统计数据表明，如果她身体健康，再活 20 年的概率是 68%。因此，一旦她认识到影响决策的所有相关因素，格舒特很容易做出年金化部分养老资产的决策。她有很大的可能性活到甚至超过盈亏平衡点，此时从年金获得的待遇超过其养老资产的成本。

事实上，使用这种免费工具，您可以分析各种最新的情景，这些工具可以在 www.pensionizeyournestegg.com 上找到。我们称这种工具为"年金价值测算"。您还需要一个存活概率计算器来确定您可能活到盈亏平衡点的概率，我们在同一个网站增加了一个链接。

**年金化：财务与非财务收益**

请记住我们在本书引言中说的，选择年金化的格舒特 1，生活水准比没有年金化的格舒特 2 要好。在本章开头我们还说过，我们将在本章提供一些模式和证据来支持这个判断。那么我们怎么做呢？

在格舒特1的案例中，选择年金化为她带来一些财务和非财务收益。首先，相比其他能提供类似保障和保证的产品而言，收入年金为她提供了极具竞争力的收益率。然而，更重要的财务考虑是，年金化的决定使她有从投资组合中提取更多钱的能力。在格舒特的案例中，她做到了。最后，如果格舒特活过85岁，如我们第一次遇到她时，她由于在65岁时实施了年金化而在财务上更为宽裕。

在格舒特的决定中也有非财务考虑。具体来说，根据她的情况（参见本书引言），从年金化中获得的收入待遇由一个实力雄厚的保险公司担保，使她能够安心，不用担忧需要依靠子女来养老。年金化部分养老资产，她还不必担心在她这个年龄能否有持续做出正确投资决定的能力。最后，即使她活到很老，也不用担心晚年钱从哪儿来，因此可以过一个快乐无忧的退休生活。您认为以上这些条件可以适用于您吗？如果是，现在是考虑年金化养老资产的时候了。

## 第二部分小结

在第二部分，我们分析了人力资本、预期财务遗产（EFL）、退休收入可持续系数（RSQ）、平滑终生收入水平、财富需求比（WtN）、年金化部分养老资产对 RSQ 和 EFL 的影响，养老金的真正价值在于推动财富需求曲线上移等。我们还开展了一系列案例分析，演示了如何沿着可持续性/遗产边界线来谋划各种退休收入计划，我们重温了两位格舒特女士的案例，探讨年金化的收益率，并进行成本收益分析。

正如我们所说的，所有这一切都在试图确保您在年金化时更有效率，这也是下一步我们将重点着力的问题。

# 第三部分

# 七步年金化养老资产

# 第 13 章

# 步骤一：确定期望退休收入

截至目前，我们已经给您讲解了几个如何构建退休收入计划的案例，但还停留在理论层面。现在是撸起袖子年金化养老资产的时候了。无论您处于什么阶段，是离开劳动力市场 10 年，还是刚开始考虑这些问题，或是刚刚进入退休阶段，让我们从现在开始。

我们创建了一个表格来介绍年金化养老资产的步骤。图 13.1 显示了所有七大步骤，我们将逐一讲解。

确定您想要的退休收入，是年金化养老资产工作的第一步。有些人可能会认为这是最烦琐的一步，因为它涉及每一天的开支和预算等。然而，您也许会发现，这是最令人兴奋的一步，因为是您最有直接掌控力的一步。

有两种方法来估算您退休时需要多少资产：自上而下法或自下而上法。自上而下法假定您的期望退休收入为工作期间收入的某一比例，用这种方法计算，需要从现有的退休前收入中切出一

1 确定期望退休收入

2 计算现有年金化收入

3 计算养老金收入缺口

4 计算退休收入可持续性系数

5 评估计划是否可持续

6 计算预期财务遗产

7 运用产品组合年金化养老资产

图 13.1　年金化养老资产第一步

部分，得出您的期望退休收入。有时使用退休收入"替代率"的概念，计算您退休前收入的某个比例来得出退休后期望收入的具体数值，本书即采用这一概念。相对而言，采取自下而上法，需要建立一个退休需求预算表，从零开始逐一增加您需要的费用开支项目。我们稍后会结合两种方法来做这项工作。

当我们分析如何估算退休开支时，起点为考察重点地区的家庭日常开支情况。表 13.1 列出了我们重点关注的 5 个经济体的中等家庭部分大项开支情况。

顺便说一句，您可能注意到我们在这里讨论的是家庭开支，而不是个人开支。您可以使用本章介绍的 7 个步骤，年金化个人或家庭的养老资产，这 7 个步骤这两种情况都适用，您可以自行选择如何计算您的退休需求。如果您结婚了，可以先分别年金化您和家人的养老资产然后加总在一起，也可以先将您的家庭养老资产

表13.1 家庭开支分类及占比

| | 美国 | 英国 | 加拿大 | 澳大利亚 | 新西兰 |
|---|---|---|---|---|---|
| 食品、饮料、烟草 | 8.9% | 12.8% | 13.0% | 13.5% | 20.7% |
| 衣服、鞋 | 3.4% | 5.9% | 4.2% | 3.2% | 4.1% |
| 住房、水、电、气和其他能源 | 18.8% | 25.5% | 24.4% | 23.8% | 24.2% |
| 装修、家用设备、住房日常维护 | 4.2% | 5.0% | 5.5% | 4.2% | 5.0% |
| 健康开支 | 21.1% | 1.6% | 4.4% | 6.2% | 2.3% |
| 交通 | 10.2% | 14.4% | 15.3% | 10.8% | 12.7% |
| 社交 | 2.5% | 2.1% | 2.5% | 2.4% | 3.1% |
| 文化娱乐 | 9.0% | 10.7% | 8.8% | 10.0% | 10.4% |
| 教育 | 2.4% | 1.5% | 1.5% | 4.4% | 1.3% |
| 住宿餐饮 | 6.3% | 9.9% | 7.0% | 6.6% | 6.1% |
| 其他 | 13.3% | 10.7% | 13.4% | 15.1% | 10.1% |

注：各地区均采用2013年度数据。
资料来源："家庭最终消费支出"，OECD的数据栏目，http://stats.oecd.org（2015年1月15日提取的数据）。

第13章 步骤一：确定期望退休收入

加在一起再年金化，结果是相同的。您只需要决定，是一份养老资产还是两份。无论哪种方式，您的养老金得养活两个人。

回到您的日常费用开支估计，在许多家庭的预算中，一个大项是所得税，这不在我们的表中，因为退休期间所得税有可能减少。从表 13.1 可以看出，家庭最大消费支出为居住相关费用。如果您计划在退休时或退休前还完住房抵押贷款，这项支出将减少（但是不要忘了，您仍然得为住所支付暖气费、保险费、维修费、房产税和公共事业费等）。

中产家庭预算中的另一个重要项目是交通费用。如果您的交通费用有一部分用于工作通勤，这部分费用在退休后有望降低。

最后，对于许多家庭而言，工作期间要通过养老金计划或其他养老资产账户为退休阶段储蓄部分资金。这笔费用可能会持续到您的退休时刻，在工作期间您也可能减少或取消持有的寿险保单。现在，您也有可能耗费部分储蓄，比如潇洒一把加大旅游和娱乐消费，增加退休期间的整体开支。如果您想使用自上而下法，在目前的收入中扣除税收、抵押贷款、交通费用以及养老储蓄开支，也是评估期望退休收入的好起点。

## 自上而下评估期望退休收入

要使用此方法，您需要确定退休后的支出占退休前收入的比例。但是，哪个比例更合适？对于中等收入人群而言，目标替代率通常设置为退休前收入的 65%~75%，而公共养老金通常能提供的替代率不到 50%（我们在第 1 章曾提及）。因此，您只能选择退休前收入的 40%~75%。低收入家庭可能需要较高的替代率，接近 100%；而高收入家庭可能较低，每家每户的情况会有所不同。

采用自上而下的方式回答"收入多少够退休？"这个问题的另一种答案是：使用您当前的税后收入。是的，并没有错，您在退休后仍然要缴税！但对于大多数工薪族而言，所得税是他们最大的年度开支，退休时雇佣关系结束，此类开支会减少，但不会消除。

现在，正如金融经济学家说的，您的期望退休收入可能偏离您一生的财务资源，所以还不太踏实。在进行下一步之前我们强调指出：我们要求您估计税后期望收入。也就是说，每个月想要花费的钱是已经纳税后的收入。接下来，我们将更详细地讲解税务问题。

## 自下而上评估期望退休收入

评估退休开支的另一种方法是，编制一个自下而上的开支表。这种方法可能需要多做一点工作，但是能给您描绘一幅目前开支、退休后开支变化及退休规划收入目标的清晰图景。通过这种方式估计您的费用开支，需要分析至少一年的开支。也许，您一直追踪记录每一年的开支情况。如果没有，可以拿出您的银行和信用卡对账单，创建一份个人支出分类表，并加上您的实际支出项目。

一旦完成这份清单，您就可以着手估算退休后会保留哪些费用、削减哪些费用、增加哪些费用。您需要为一些不可预见的开支和消费升级预留一定的缓冲空间，如购买汽车，送礼物给孩子，慈善捐款和旅行等。归根结底，这是模拟您想要什么样的退休生活，您可以根据自己的喜好尽量详细地进行规划。请记住，我们并不是要您确定所需要的退休收入的最低值，而是您期望的退休收入。

请记住，这个练习有可能没有"正确答案"！相反，至少在此时，我们的目标是为您创设实施退休规划的起点，不是一份心满意足或充满幻想的预算，而是一份好的退休收入需求评估加上一些"回旋余地"，便于您能做喜欢的事情，并处理生活中各种意想不到的波折。

当我们完成年金化养老资产这项工作时，您肯定会重新审视您在做第一步时的初稿。随着时间的推移，您的期望退休收入会因为消费习惯而改变，或由于我们随后会探讨的通货膨胀的影响改变，甚至受我们前面讨论的生命周期经济因素的影响。不过，当前的目标是要拿出一个您认为可以用于养老规划的务实的起点数字。

## 第一步小结

- 第一步的目标是估计期望税后退休收入。稍后，您将了解这是否可行。

- 您可以计算退休收入占当前工作收入的比例（自上而下法），或逐项估计您的期望退休支出，得出一个整体的期望退休收入（自下而上法）。
- 请记住，这是年金化养老资产工作的第一步，您没有必要做到尽善尽美。您有可能在后续步骤中返回这一步，并进一步完善您的预测。因此，创建好一个起点后即转到第二步！

# 第 14 章

# 步骤二：计算现有年金化收入

年金化养老资产的第二步工作是，加总现有的年金化收入（见图 14.1）。

正如我们在第一部分讨论的，我们关注的所有领域的退休人员退休后都可以依靠某些年金化收入。现在，我们回顾一下什么叫年金化收入：持续终生的有保证的收入。在退休期间可以依靠两类年金化收入：覆盖所有退休人员的公共养老金及待遇确定型的职业年金。您现在有哪些年金化收入呢？为帮助您回答这个问题，本章首先考察公共养老金，随后再看私人部门的待遇确定型养老金。

1 确定期望退休收入

2 计算现有年金化收入

3 计算养老金收入缺口

图 14.1　年金化养老资产第二步

全面分析公共养老金不是本书的内容，本章提供一些相关基础信息及获取更多信息的指南。

## 美国、英国、加拿大、澳大利亚和新西兰的公共养老金计划

公共养老金计划是为那些在财政或其他方面为国家发展做出贡献的退休人员所提供的收入计划。这些收入计划是已经年金化的收入，将为退休人员终生提供经通货膨胀调整的收入，您不需要再去进行年金化。美国、英国、加拿大、澳大利亚和新西兰有公共养老金计划，可以部分替代您的退休前收入。表14.1提供了公共养老金计划替代率水平的概况。

表 14.1 退休收入有多少？公共养老金计划和强制性私人养老金计划综合替代率情况

| | 公共养老金计划和强制性私人养老金计划收入总和 ||| 
|---|---|---|---|
| | 如果您能赚到平均收入的50% | 如果您能赚到平均收入 | 如果您能赚到平均收入的150% |
| | 退休收入占个人收入的替代率（%） |||
| 美国 | 49.5 | 38.3 | 33.4 |
| 英国 | 55.2 | 32.6 | 22.5 |
| 加拿大 | 63.1 | 39.2 | 26.1 |
| 澳大利亚 | 91.1 | 52.3 | 39.4 |
| 新西兰 | 81.1 | 40.6 | 27.0 |

注：假定养老金领取资格和参数适用于2012年参加工作的20岁员工，且一直工作至领取养老金的合格年龄。

资料来源：OECD pension models. OECD（2013），*Pensions at a Glance* 2013：*OECD and G20 Indicators*, OECD Publishing. DOl：10.1787/pension_ giance-2013-en.

## 您将得到多少钱?

您希望在退休期间得到多少已年金化的收入?在第一步您已经估算过期望退休收入,有两种方式来进行估算,毛估或者详细测算。但是,不像估算您的退休收入,在这里我们知道每一种收入来源的最高额:唯一的问题是,您能得到最高额的多高比例。在许多情况下,您应当能够从政府权威部门直接获得公共养老金计划的退休收入详情。

## 待遇确定型养老金计划的待遇

如果您在工作期间已经参加了待遇确定型养老金计划,则退休后有权从这类计划中获得退休金。计算您从待遇确定型计划中能获得的退休收入,是年金化养老资产过程中最为容易的工作。因为这些信息都由别人掌握,您只需要找到它们。

需要注意的是,正如我们在第 1 章讨论的,当我们分析养老金时,在这个步骤中只考虑待遇确定型养老金计划。因为缴费确定型计划只是在统计意义上称为养老金计划,它实际上不提供年金化的收入,它既没有设定的养老金水平,也没有提供任何终生收入保障。换句话说,在本步骤不需要计算缴费确定型养老金计划所提供的收入。

此外,您也许知道,当为一个待遇确定型计划缴费时,您可以选择在退休时不领取年金化收入。如果在获得合格养老金领取资格之前离开这个计划，您可以选择从您的计划中提款，然后自己进行投资。如果您将从一个养老金计划中转出来，不要将其算为您能得到的年金化收入的一部分，因为它不能为您提供终生收入保障。

要计算您将从现在参加的或曾经参加的待遇确定型养老金计划获得的年金化收入，您可联系养老金计划管理人，请他估算您在退休期间的养老金收入水平（请注意，我们目前将65岁作为退休年龄）。如果您拥有超过一项养老金计划，确保您的估算包括所有养老金计划。当您向养老金计划管理人提交申请时，也许要回答一些关于您的预期退休年龄或服务年限等问题，便于计算您的养老金权益。

同时，也要注意养老金权益是否包含了任何根据生活指数或通胀率而自动调整的机制。如果没有包含任何自动调整机制，我们建议您从预估值中减去25%以便于计算。

## 如果担忧待遇确定型养老金计划的前景怎么办？

在第1章我们曾经讨论了待遇确定型养老金计划减少或取消退休员工的权益，您也许想知道是否应该将待遇确定型计划的违约风险考虑到计算之中。我们的考虑是：如果您预期或担忧在退休期间，您的养老金计划会减少或终止，如果可以，那么就离开这个计划，但需要考虑可能会有隐含的税收问题。是的，带着钱离开这个计划。您可以用这些资金建立您自己的养老金计划。此外，如果您有任何理由认为您所需要的合理长寿保障比该待遇确定型计划少,您可以转出您的养老金权益并提现走人。

请注意,我们并不提倡公务员转换他们的待遇确定型计划。在某种程度上,重新购买通货膨胀保护将会更加昂贵。并且由于税收限额,大部分公务员难以避税,从而不能获得完全的转换价值。

**确定退休时点**

到目前为止,我们还没有特别将退休时点作为年金化养老资产的因素来考虑。

我们的建议是:如果您在 65 岁时离开劳动力市场,评估一下您的养老金权益,65 岁是许多养老金计划和退休收入计划普遍采用的"正常退休年龄"。如果您退休更早或更晚,我们在年金化养老资产的 7 个步骤中,所做的部分工作也许对您做决定有所帮助。

**完成第二步**

您已经完工!计算了您退休后已有的年金化收入,简单地加总您的公共养老金和私人年金化养老金收入。好了,您已经完成了年金化养老资产的第二步:您有了一个已年金化收入的税前数值。

## 第二步小结

- 第二步的目标是确定您将从公共和私人养老金计划获得的已年金化的养老金收入。
- 您可以从计划的提供者那里获取公共养老金收入的估算数,联系政府相关部门估算您退休期间的公共养老金收入。
- 联系您目前和过去参加的待遇确定型计划的管理人,估算您可能获得的最高待遇确定型养老金收入。如果没有建立通货膨胀调整机制,记住要从这个最高值中减去约25%。
- 将所有来源的各项年收入加总到一起,确定您退休期间享有的已年金化的税前收入(我们将在下一步中考虑税收因素)。

# 第 15 章

# 步骤三：计算养老金收入缺口

现在，您已经预估了期望退休收入及退休期间能获得的已年金化收入，为计算"养老金收入缺口"做好了准备（见图 15.1）。这是期望收入与预期实际收入之间的缺口，您只要运用基础数学知识就能完成这项任务。

在运用基础数学知识计算之前，需要花一点时间来分析税收对计算结果的影响。之前，我们只要求您估算期望的税后退休收入。

2 计算现有年金化收入

3 计算养老金收入缺口

4 计算退休收入可持续性系数

图 15.1　年金化养老资产第三步

## 平均税率

我们假设您每年需要一定的收入。因为您将要缴纳所得税，因此您需要的总收入会超过这个金额。您从延税账户拿出的每一分钱都将要纳税，因为您还没有就这笔钱（大部分）真正缴纳过所得税。

我们先从一个非常简单的例子说起，假设一个退休人员没有公共养老金收入，所有的养老资产都在延税账户中。如果他适用20%的平均所得税税率，那么当他从自己的养老资产中取出5万美元时，拿到手的可支配收入就只剩下4万美元，其余部分由政府以税收形式征收，剩下的4万美元他可以直接用于消费。

为了算清楚您需要从您的投资组合中取出多少钱，才能在纳税后满足您的退休生活需要，您需要做的第一件事是估计您的"平均税率"。这一"平均税率"可以大致衡量年收入中缴纳税收的比例。这与您任何一年实际申报的纳税金额无关，而是告诉您，您的预期纳税额占收入的比例。如何计算平均税率？您只需要将纳税额除以总收入。在刚才的案例中，我们知道纳税额为1万美元，并且我们知道总收入为5万美元，则平均税率为20%，即 $1/5 = 0.2$（或20%）。

一旦知道您的平均税率，就可以计算出每年需要从投资组合中取出的钱。您可以将公共养老金和其他已年金化的收入考虑在内，分分秒秒就可以完成计算。所以，如果没有其他收入，您需要从您的投资组合中取出多少钱，以获得您的期望税后退休收入？

此处要解方程：

总金额 = 期望税后年收入 / （1 - 平均税率）

接下来的几页，我们将提供一个使用这个公式的具体例子，您可以看到在"真实生活"中该公式如何发挥作用。

## 一个税务问题

当您看到税收对养老金收入缺口和消费需求影响的计算公式时，您可能会发现在"真实世界"，税收因素比这个简单公式更加复杂。

相信我们：我们不反对这个观点。

事实上，我们相信这是等待诺贝尔经济学奖或是菲尔兹数学奖获奖学者们来解答的课题，希望他们能够得出一个公式，准确、完整地计算所得税对退休期间从资产组合中提款和支出率的影响，同时考虑众多个性特殊情况，如免责条款、既得权益、补偿性收入，以及随着时间推移而发生的规则变化等。

尽管我们知道，理想化的状态是能够向您提供精确的包含全部税收因素的公式，我们的简单公式只提供了一个基本的计算模型，提示您充分考虑税收的影响。您可以在当地税务顾问的帮助下，分析适用于您自身的更为具体的情形。

## 养老金收入缺口

我们刚才提到了4万美元的期望税后收入。我们说假设的退休人员需要税前5万美元的收入、税后4万美元的收入（假设20%的平均税率）。我们继续假设他的所有资产都在延税账户中（也就是说他的所有提款均要纳税）。让我们进一步假设，他享有由公共养老金计划支付的每年1.5万美元的税前收入。

我们已经计算出他应当从可支配财产中每年提取5万美元，才能得到每年4万美元的税后收入。

如果将1.5万美元的公共养老金收入作为前提条件加入进来，情况会发生什么变化？为满足同样的期望退休收入，可以减少他必须提取的税前金额。

计算养老金收入缺口时，应当从税前提款额中减去税前公共养老金（或其他年金计划）的收入。在这个案例中，从5万美元中减去1.5万美元得到3.5万美元，这是假设退休人员的养老金收入缺口。回顾一下，这个数字是期望退休后的年金化收入与预期养老金收入之间的差距。

那么，何为养老金收入缺口？它是积极的，还是消极的？

计算养老金收入缺口的步骤如下：

(1) 使用我们提供的公式估算您的平均税率（纳税总额占总收入的比率）。
(2) 使用这个税率和期望税后年收入，计算要满足每年的期望税后年收入，需要从养老资产组合中提取的总税前提款额；在这个例子中，我们假设所有资产都在延税账户中，如果既有延税账户又有已纳税账户，情况将更为复杂。

（3）从总税前提款额中减去您退休时每年可以获得的税前已年金化的收入。

（4）得到的结果就是您的养老金收入缺口。

如果您的数值是负数，您已经完成了工作。没有必要再年金化您的养老资产，您已经有足够的年金化收入来满足余生的日常生活需求。

但是，如果您的数值是一个正数——我们怀疑大多数人如此，那么您存在养老金收入缺口。有什么后果？

缺口大并不意味着您没有足够的钱养老。正如前面所说，您的养老金缺口表明：如果您想实现步骤一中的期望退休收入，您需要每年从个人资源中拿出一部分来填补。

您可能会发现，"我的数值似乎相当大"！也不要惊慌，这个数字并不代表真实的短缺。它只是告诉您已有年金化退休收入和期望退休收入之间的差距。到目前为止，我们还没有考虑任何其他资源。我们将在下一步，将这些资源纳入考虑范围，来预测您的退休收入计划的整体可持续性（或 RSQ）。

我们建议您使用期望退休收入和刚才确认的养老金收入缺口，完成全部 7 个步骤，即使这个缺口很大。只要您喜欢，您可以回到第一步，以不同的期望退休收入来多次演算这 7 个步骤，但我们建议以目前的数据来继续推进后续各个步骤。

## 通货膨胀调整

您可能在想："我计算的养老金收入缺口的有效期仅为一年，是假设现在就退休的情形。在第一部分强调了通货膨胀对养老金收入的影响，如果随着时间推移物价上涨了，是否应该调整这个数值呢？"

在继续分析之前，让我们澄清如何在这些计算中考虑通货膨胀因素。在前文估计期望退休收入时，我们未涉及通货膨胀因素。换句话说，假设您在当前价格水平测算需求，这一价格水平在您的全部退休期内将保持不变。即假设在未来 30 年内商品和服务的通胀率为零。这是不切实际的，我们相信您会同意我们的观点。诚然，正如在第一部分看到的，1995 年以来每年的通货膨胀均在 3%~4% 徘徊，但谁也不能保证通胀率不能或不会上升。即使按照 3% 这个非常低的通货膨胀水平，生活成本在稍超过 20 年后仍会翻倍。

因此，考虑通胀率的不确定性，实施长期规划的更好方式是，先根据真实情况来制定预算，然后再考虑通货膨胀因素。还记得我们在本书第一部分开始的对话：在真实情景下思考。

同时，您还应当考虑真实的、扣除通货膨胀因素后的真实投资回报率。

我们更细一点来分析这个问题。您本来想在余生消费"今天"的美元。例如，当考虑通货膨胀调整因素后，65 岁您将消费 4 万美元的期望退休收入，66 岁以 4 万美元乘以第一年的通胀率，67 年岁以 4 万美元乘以第一和第二年的通胀率，并依此类推。

然而，有一个平滑的方式来保持平衡。我们知道，您的公共养老金收入已经经过通货膨胀调整。并且我们已经告诉过您，由于缺乏通胀保护，从未经通胀调整的待遇确定型养老金计划提供的期望退休收入会减少。

我们也知道，当您弥补养老金缺口时，您将依托于私人资产，我们需要考虑和估算这些投资长期能否获得收益，详情见下一步。

因此，这里需要平衡的技巧：当我们谈论您的投资可以赚钱时，我们要看经通货膨胀调整后的回报。也就是说，我们要在同一框架内分析问题。通过这种方式，我们比较经通货膨胀调整后的期望收入和经通货膨胀调整后的投资收益。请记住，您的其他收入也应经通货膨胀调整。

我们现在已经完成第三步：估算您的养老金收入缺口。接下来，我们将考虑如何填补这个缺口。

## 第三步小结

- 第三步的目标是计算您每年的养老金收入缺口。为了做到这一点，您需要计算您的平均税率。

- 计算养老金收入缺口，是从您的期望税后退休收入对应的税前总提款中，减去税前已年金化的预期收入。
- 您的养老金收入缺口并不代表整体不足，它表示要使用您的其他资源来弥补这一缺口。
- 通过将您的预期投资回报率进行通货膨胀调整，我们考虑了通货膨胀因素对期望退休收入的影响，我们将在下一步详细分析。

# 第 16 章

# 步骤四：计算退休收入可持续性系数

从前述讨论的推测到目前为止，您的养老金缺口必须以某种方式弥补或缩小，否则您的退休支出计划将不可持续。

因此，在这一步积蓄将发挥作用，现在将它们加入计算。要做到这一点，我们要将您的所有退休账户的当前价值加起来。虽然房子是一项资产，但不想包括房子价值，除非您打算将其出售来提供退休收入。

## 您的"巢"中已经有哪些"蛋"？

当汇总所有投资的综合价值后，下一步就要计算您为退休生活积攒了哪些"蛋"，我们要计算您的资产配置。这是什么意思？正如第二部分的讨论，资产配置就是将您的资产在不同类别资产间进行分配的过程。在此我们并不为您配置资产，只是分析目前是如何配置的。同样，为了简单起见，我们只考虑将资产配置到股票和债券两个大类。

仅考虑这两类资产的原因是，我们可以更好地预测您的养老资产未来总体上的表现情况。具体而言，债券比股票有较低及更稳定的投资收益（或反过来，更准确地说，股票有较高的预期收益，比债券的波动性更高）。您的养老资产中的股票类资产可能是共同基金、单位信托基金、交易所交易基金、基金池或直接持有的股票。同样，您的固定收益资产可能是共同基金、单位信托基金、交易所交易基金或直接持有的债券和定期存款。您甚至可能投资平衡型基金，这类基金大约持有一半股票和一半债券。

此处您可以选择：计算现有资源的资产配置情况并规划退休时的资产配置，或选择一个您认为合理的养老资产配置方案。

为简单起见，我们建议您为退休时点选择一个资产配置方案，50/50、60/40或其他。此处的关键不是完美地反映现实或准确预测结果，只是为了建立一个可行的分析模型。当需要做出决定的时候，使用这些问题（不论是否有精确的数字）将为您提供需要的分析工具。

## 弥补缺口

您已经汇总了养老资产，现在分析如何用这些资源来弥补养老金缺口，可以填补多少年的缺口。

我们使用一个简单的例子。假设您明天就要退休了，如果您每年需要税前5万美元，已有养老金收入仅为2万美元，3万美元的养老金缺口必须靠您的养老资产提供资金。

假设您现有 3 万美元养老资产，通过简单算术运算就知道可以弥补一年的缺口。剩余的 20 年或 30 年怎么办？如果您已经有 6 万美元则可能持续两年，取决于这笔钱如何投资。如果您已经有 9 万美元，那么可能填补 3 年的养老金缺口，如果您的资金在此期间能增值，甚至可能维持 4 年。当然，5 年后，可能会没有余钱来弥补养老金缺口。

如果您的养老资产账户中有 30 万美元会如何？或者 60 万美元？能弥补多久的养老金缺口？10 年或 20 年吗？如果您退休后不久就遇到了股票市场的低迷并产生了亏损（我们在第一部分解释了这个问题）怎么办？即使有足够的养老资产可以支持 20 年，考虑到本书第一部分对长寿问题的讨论，时间是否足够长？

我们真的不知道这些问题的答案，但财务预测领域的最新成果，可以很好地测算您的养老资产能否按照您的需要来弥补养老金缺口。详细的测算方法超出了本书的范围，在 www.pensionizeyournestegg.com 网站上有一个免费的工具，可以用来测算退休收入可持续性系数（RSQ）。正如我们在第 9 章介绍 RSQ 时说的，考虑到您的部分收入已经年金化，RSQ 是退休计划的天气预报工具。

您可以使用下面的工具来帮助您完成第四步。网上的测算工具需要以下 6 个要素：

（1）退休年龄。
（2）期望税后收入（来自步骤一）。

(3) 已有的税前养老金收入（来自步骤二）。

(4) 平均税率。

(5) 退休时养老资产的现值，又称为退休账户的价值。

(6) 养老资产的总体资产配置情况。

网站 www. pensionizeyournestegg. com 提供的工具，可以帮助您按照年金化养老资产的流程完成第四步（见图 16.1）。

3 计算养老金收入缺口

4 计算退休收入可持续性系数

5 评估计划是否可持续

图 16.1　年金化养老资产第四步

那么，我们如何计算您的 RSQ？在最基础的层次，您的 RSQ 要考虑已年金化的资源和可以用于提供养老金收入的资产，并评估您的终生收入现金流能否持续。也就是说，RSQ 网站的工具在考虑年龄、平均税率、已年金化收入和其他财务资源及其配置的基础上，测算各种退休收入计划的成功率。

计算结果为一个 0 到 100 之间的数字，代表各种退休收入计划的"可持续性程度"。要注意的第一个重要问题是：这个数字越大越好。

但是，为什么数字越大越好？下面的一些简单的、极端的例子可以说明问题。如果您的期望退休收入恰好等于您的已有养老金收入，那么养老金缺口是零，RSQ 是 100%（如果已有养老金收入比期望退休收入还高，您的 RSQ 则超过了 100%！）。同样，如果您没有养老金收入（甚至没有公共养老金收入），则您没有养老资产或储蓄可以依靠（是的，假设的极端情况），那么您的 RSQ 是零。

关于 RSQ 计算器的第二个重要问题是：当增加年金化收入，即使消耗养老资产去购买养老金产品，整体 RSQ 会增加。我们在本书第二部分以更加技术性的方式得出这一结论。

事实上，如果您购买终生年金，您的 RSQ 将增加。也就是说，当您的期望退休收入有更高比例实现了年金化，您的退休计划的总体可持续性将增强。更多的年金化收入，意味着更好的可持续性！在本书第二部分分析鲍勃的案例中，假设养老资产的 10%~40% 进行年金化的影响时，您已经看到了更多细节。

现在，这个考虑 6 项因素的计算器是一个相当简单的工具，不考虑所有混合型产品，只分析您的资产配置。现在（第四步），您应该知道在不对您的投资做任何改变，也不购买任何新的金融产品时，您的当前 RSQ。

请记住，RSQ 不是衡量您的退休收入是否充足的指标，而是对第一步中的"多少才够？"这个问题给出了答案。给定一些关键变量：您的年龄、现有财务资源及当前配置情况，RSQ 可以衡量您当前退休计划的可持续性。

现在，有两件事情要记住：

（1）RSQ 越高越好。

（2）增加更多年金化收入，以提高您的 RSQ！

## 第四步小结

- 第四步的目标是计算您当前退休计划的 RSQ。
- 计算您的 RSQ 需要 6 个参数：年龄、期望退休收入、平均税率、已年金化的养老金收入，退休时养老资产价值及养老资产的配置情况。
- 在 www.pensionizeyournestegg.com 网站上有一个工具，可以计算各种退休计划的 RSQ。

## 第 17 章

# 步骤五：评估计划是否可持续

您已经得到退休收入可持续性系数（RSQ）的数值，可能是 45、78、94（触地得分！）。但这是什么意思，有什么用？何为好数字，何为坏数字？用 RSQ 来衡量退休收入的可持续性，有助于分析您的胜率。

我们认为，除非下雨的概率不到 5%，否则我们强烈建议您带着雨伞。也就是说，除非您的退休收入可持续性系数为 95% 或以上，我们推荐用"伞"来保护您，以应对善变的市场、不确定的收益率、不可预测的通胀风暴和未得到保障的长寿风险等，我们推荐的"伞"是产品配置。如果您想获得全天候的保护，建议将您的可投资资产（养老资产）配置到不同的金融产品，以增加您的 RSQ。

当计算得到您的 RSQ 后，在年金化养老资产的第五步（见图 17.1）该做什么？这取决于您的 RSQ。如果在 90% 或 95% 以上，您足够安全，没有必要进行产品配置以改善退休收入的可持续性。

虽然存在养老金收入缺口，但您的 RSQ 足够高，不需要采取任何进一步的措施来保障终生养老金收入。然而，您需要仔细复核关于通胀率和税率的假设。

4 计算退休收入可持续性系数

5 评估计划是否可持续

6 计算预期财务遗产

图 17.1　年金化养老资产第五步

然而，如果您的 RSQ 在 50%~95%，则进入下一步骤，我们将向您展示如何使用产品配置，来年金化您的养老资产。

如果您的 RSQ 小于 50%，我们建议您回到步骤一，针对您目前的退休计划做出一些艰难的抉择：选择在退休阶段减少开支，重新考虑退休年龄，或通过更多的储蓄来支持退休收入目标。金融经济学家会说，您所期望的生活水平远远超过您的终生资源。

现在，您可能认为这个建议太笼统，不适用于您的情况。我们希望您相信，通过我们在第一部分关于退休风险的讨论，即使风险偏好最高的退休人员也要考虑通货膨胀、长寿风险、收益率发生次序风险等。但无论您做什么，我们都希望至少能让您清楚了解所面临的风险。步骤五的要点是，清楚现在在哪里及下一步要做什么。如果您继续实施这 7 个步骤，下一步就是要回答这个问题："对于我和孩子们，这一切意味着什么？"

您准备好了吗？让我们进入第六步，考虑您的财务遗产问题。

## 第五步小结

- 第五步的目的是评估您的 RSQ，并指明您的下一步工作。此后，您是进入第六步和第七步，还是回到第一步？
- 您的 RSQ 结果会向您建议下一步的措施。

# 第 18 章

# 步骤六：计算预期财务遗产

我们很快就要完成这项工作了！在年金化养老资产之前，我们最后需要讨论在您在世时的退休收入和过世后的财务遗产之间的权衡。

我们已经在第二部分几次进行理论探讨。您现在需要做的是，明确作为金融遗产留下的资产价值，这是年金化养老资产流程的第六步（见图 18.1）。无论是多少，您都需要确定这一数额，这样就可以进一步评估您的退休计划。

5 评估计划是否可持续

6 计算预期财务遗产

7 运用产品组合年金化养老资产

图 18.1 年金化养老资产第六步

要完成这一步，您需要确认是否愿意不留下任何遗产（用一个极端的例子），甚至借钱度日；或者，您需要和期望留下 10 万美元、25 万美元或 50 万美元的遗产。我们知道您的全部遗产可能包括许多非金融（指可投资的）但是有价值的资产，如祖母传下来的银器、家族夏季度假屋等。在本章的计算中，我们只考虑您的可投资资产。

您不必担心需要绘制什么前沿性的图表，您只需要知道打算留下来多少当前资产。在 www.pensionizeyournestegg.com 网站上有工具，可以帮助您算出不同退休收入计划对应的 RSQ 和 EFL 的数值。

这个问题的答案有助于评估您的退休收入计划，包括年金化多少养老资产。我们已经说过，边界线是必然的：您不能回避它，相反，您应该确保您是在满意的地方结束。我们将在下一章更深入地探讨这一问题，其中包括一个基础性的案例研究，不同的计划处于边界线上不同的点。

## 第六步小结

- 第六步的目标是，明确您想留下多少财务遗产。
- 一旦您脑海中有了这个数值，您就可以进入最后一步，使用产品配置来年金化养老资产。

# 第 19 章

# 步骤七：运用产品组合年金化养老资产

年金化的最后一步是，将合适比例的养老资产配置到 3 类可行的产品组合之中。

要做好这一步，年金化养老资产 7 个步骤中的最后一步（见图 19.1），要求您综合运用我们之前的很多分析成果，包括确定预期财务遗产（EFL）。有很多因素会实质性地影响产品配置，您需要做出很多选择和决定。

6 计算预期财务遗产

7 运用产品组合年金化养老资产

**图 19.1　年金化养老资产第七步**

我们会详细分析一个案例，让您明白如何在实务中进行产品配置。在整个过程中，您将学习如何使用网站 www.pensionize-yournestegg.com 上的工具，来估计您的退休计划的 RSQ 和 EFL。请记住，这个案例研究旨在简单说明一些概念，现实生活中的情况将比这个案例要复杂很多。

## 案例研究：杰克和吉尔爬山（如何制订退休收入计划）

我们分析 69 岁的杰克和 67 岁的吉尔的案例。他们退休了，却没有制订退休收入计划。他们最近才知道 RSQ 和 EFL，想知道自己的退休收入状况，孩子们也特别想更多了解父母的 EFL！

我们会分析杰克和吉尔现有退休计划的情况，对应的 RSQ，采取哪些步骤来提高 RSQ 的得分。年金化部分养老资产对于他们来说，是否为明智的选择？

目前杰克和吉尔已经积累了价值 85 万美元的养老资产。所有这些资产都放在延税型养老资产账户中，这意味着提款时所有钱都要征税。如果他们既有已缴税资产，又有延税型资产，计算将更加复杂，但有关资产是否应该纳税的基本规则相同。

此外，他们需要完成全部步骤来年金化养老资产，犹如一个投资组合。事实上，他们有一个资产包，一部分由吉尔持有，另一部分由杰克持有。但是，在婚姻期间，他们从没有考虑过划分这些资产，因此他们要在整体基础上年金化养老资产，与他们一辈子的财务处理方式一样。

## 第一步：确定期望退休收入

在做了一份预算后，这对夫妇明确每年需要大约 6 万美元的可支配实际收入（经通货膨胀调整后）。请注意，这是他们想要的税后金额，他们想每个月有约 5 000 美元到银行账户供其自由支配。事实上，他们没有花大量的时间来得出这个数字。他们知道在完成 7 个步骤后会更仔细评估这一数字，所以他们决定先采用这个概数。

第一步需要将期望税后开支换算成税前金额。由此计算出每年需要从养老资产中拿出多少钱来满足每年 6 万美元的开支。利用财务计算器和纳税信息，他们算出平均总税率约为 35%。再次，他们计算针对两个人的总体平均税率，而不是针对养老资产不同部分的单项税率。

这是一个略显保守的估计，他们预计未来几年的实际平均税率将略低于 35%，只要他们继续向慈善机构捐款，并用好、用足各项税优和减税政策。但他们希望在估算时保守一些，留有余地而不是过于乐观，防止最后没有足够的资金。

为了计算他们所需要的税后 6 万美元的税前金额（税率为 35%），他们需要进行简单的代数运算。我们之前已经算过，计算公式如下：

$$总金额 = 预期年收入 / (1 - 税率)$$

杰克和吉尔的计算式为：

$$总金额 = 6 万美元 / (1 - 0.35)$$

计算得出的结论是：他们每年获得 6 万美元的税后收入，需要从他们的投资组合提取的总金额为92 308美元。如前所述，您也可以使用这个简单的方程，大致算出您想要的税后收入对应的税前提取金额。

杰克和吉尔现在已经完成了第一步，预估他们在退休后的期望税前和税后收入。

## 第二步：计算现有年金化收入

杰克和吉尔共有1.7万美元的公共养老金收入。这笔收入需要全额纳税，没有其他年金化收入。

杰克和吉尔已经完成第二步：加总已有的年金化收入。

## 第三步：计算养老金收入缺口

下一步工作是估算每年的养老金收入缺口，即每年要花费的金额和每年养老金收入之间的差距。

刚才已经知道杰克和吉尔每年有17 000美元的税前公共养老金收入，而杰克和吉尔已经算出每年需要92 308美元的税前收入。

由此，为了在计算养老金收入缺口时考虑税前公共养老金，他们将需要从投资组合提取的税前金额减去税前公共养老金金额。

计算出养老金收入缺口是75 308美元（= 92 308美元 − 17 000美元）。为了得到60 000美元的预期税后收入，他们每年应当从养老资产账户中提取的税前金额是75 308美元。

杰克和吉尔已经完成第三步：计算养老金收入缺口。

## 第四步：计算退休收入可持续性系数

杰克和吉尔需要考虑的下一个问题是，他们的计划（每年从养老资产中提取约 75 000 美元）是否可持续，也就是说，是否有足够高的 RSQ。记得我们说过 RSQ 有点像天气预报，保护您在预期余寿内免遭雨淋（人还在，钱没了）的风险。

如前所述，杰克和吉尔在延税型养老资产账户中的储蓄为 850 000 美元，是两个人多个账户的汇总。因为我们假设他们适用同一个税率，因此由两个人中的谁来持有这些资产对于计算结果并不重要。在他们的多个养老资产账户中，总体的资产配置大约是 60% 的股票和 40% 的债券。他们估计真实的（经通货膨胀调整后的）投资回报率是 3.5%，这称为几何平均收益率。这个收益率反映我们对未来金融经济的预期，在 www.pensionizeyournest-egg.com 网站的工具中，已经嵌入了这些预期值。

现在杰克和吉尔有了计算他们退休计划的 RSQ 的全部信息。如果不改变资产或产品配置，每年提取经通货膨胀调整后的75 308 美元的税前收入的计划是否可持续？这个计划的 EFL 是多少？

如果杰克和吉尔不去年金化更多的养老资产，而是继续现有的退休计划，则他们的 RSQ 为 37%，EFL 约为 –43 万美元。换句话说，他们可能需要孩子们提供约 500 000 美元的养老金支持。这些数值是将 100% 的年金化收入乘以 1 减去收入现金流耗尽的概率而得出（每年从投资组合提款金额为 75 308 美元）。

（这个解释有一定的技术性，但是请回想一下我们要计算一个事件不会发生的概率，此处指他们离世之前不会耗尽资金的概率，我们得用 1 减去这个事件会发生的概率。）

图 19.2 展示了在使用 www.pensionizeyournestegg.com 网站的工具计算不同退休收入计划对应的 RSQ 与 EFL 数值时，需要用到的一些输入参数。

杰克和吉尔已经完成第四步：计算当前计划的可持续性系数和财务遗产。

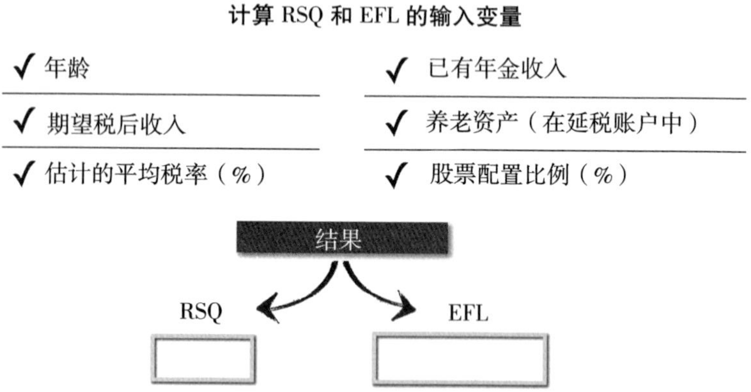

**计算 RSQ 和 EFL 的输入变量**

- ✓ 年龄
- ✓ 期望税后收入
- ✓ 估计的平均税率（%）
- ✓ 已有年金收入
- ✓ 养老资产（在延税账户中）
- ✓ 股票配置比例（%）

结果

RSQ　　EFL

图 19.2　年金化养老资产计算器

## 第五步：评估计划是否可持续

是否足够好？杰克和吉尔同意：他们不愿意进一步执行目前的退休计划，因为有超过 50% 的失败机会，并且会给他们留下一笔负的预期财务遗产。相反，他们希望找到替代方案，在不降低

EFL 的前提下得到更好的 RSQ。

## A 计划：减少花费

有多个不同方式可以解决这个问题。他们愿意尝试的第一种方式是减少退休后开支。他们再次拿出财务报表，再看一看上面的数字。经过一番讨论，他们明确希望有一个稳定的、经通货膨胀调整的税后 40 000 美元的退休收入。他们认同长期的可持续性比短期的高收入更加重要。他们知道可以通过减少付出的税收来提高年收入。

现在，考虑了税收的影响，他们的养老金收入缺口已经从 75 308 美元减少到 44 530 美元。虽然他们只减少了 20 000 美元的税后支出，但缺口的缩小量超过 20 000 美元。通过减少 1 美元的税后支出，从您的投资组合中将会减少超过 1 美元的税前提款，因为税前提款金额在您到手之前需要缴纳额外的税收。

用修改后的期望年收入数值再次计算，这项抉择的效果立竿见影，RSQ 值提高到接受度高很多的 79%（相对于每年 60 000 美元收入对应的 37% 而言）。同时，EFL 也变成正数。

然而，杰克和吉尔对退休收入计划仍然不完全满意，因为仍然只有 79% 的成功概率。

## B 计划：通过购买年金产品来年金化部分养老资产

经过进一步讨论，他们决定除了降低支出水平，还将考虑购买年金。当前出资 20 万美元购买年金，他们总的养老资产金额没有改变，但其中更高比例的部分被年金化。通过阅读本书，杰克和吉尔知道，年金化比例提高等于改善可持续性。如果他们年金化更高比例的养老资产，他们的退休收入计划的可持续性会变化多少，又将如何影响他们的 EFL 呢？

他们计算的答案是：用 20 万美元购买年金，他们每年将获得超过 12 800 美元的税前收入（每年 2% 的生活成本调整指数）。请注意，他们的年金收入不会影响每年将收到的税后收入，只是缩小其养老金收入缺口。这进一步将 RSQ 从 79%（中等）提升到更加能够接受的 88%（更健康）。现在，他们的养老金收入缺口不到最初值的一半。

## 第六步：计算预期财务遗产

在 B 计划中，预期财务遗产已经从负值（按照最初的计划）变成 140 944 美元。如果只是减少开支但并不年金化养老资产，这个数值会更高。然而，正如我们所说，这个案例表明，如果您想要一个更高的 RSQ，就必须接受一个较低的 EFL。

现在杰克和吉尔有了一个可行的计划。他们可以从概念上看到，年金化部分养老资产对退休收入计划的可持续性和财务遗产的影响。更重要的是，他们看到可以同时提高最初方案的可持续性和遗产数额。

表 19.1 显示了 3 种可行方案的 RSQ、EFL、年金化收入占比及养老金收入缺口。比较的 3 种方案是：最初的方案、A 计划

（减少花费）和 B 计划（减少花费且购买年金）。

表 19.1　杰克和吉尔年金化的流程

| 起点 | | 养老金缺口（税前） | RSQ | EFL |
|---|---|---|---|---|
| 养老资产（税前） | 850 000 美元 | 75 308 美元 | 37% | -429 428 美元 |
| A 计划 减少支出 | 减少期望的税后收入 | | | |
| 结果 | -20 000 美元 | 44 538 美元 | 79% | 136 386 美元 |
| B 计划 年金化 | 购买 200 000 美元终生年金 | | | |
| 结果 | +12 800 美元 | 31 738 美元 | 88% | 140 944 美元 |

## 第七步：运用产品组合年金化养老资产

现在，杰克和吉尔已经设定计划的基本参数，他们可以沿着退休收入边界线，开始优化自己的计划。例如，他们可以尝试年金化更高比例的养老资产，可以改变其延税账户的资产配置。此外，杰克和吉尔可以根据外界环境、需求和期望的变化而进行调整。

杰克和吉尔可能不喜欢使用终生年金来不可逆地年金化一部分养老资产。这时候混合型退休收入产品可以派上用场，因为混合型产品允许他们保留资金在原有账户的同时依托其资产产生年金化的收入。现在，计算将养老资产配置在全部 3 类产品的 RSQ

超出了本书的范围，您应当向理财顾问求助，分析特定情景及包含可变年金的计划。然而，需要注意的是，诸如终生给付年金这类产品不会增加您的 RSQ，但将提供更高的流动性和较高的 EFL。

## 第三部分小结

已经到了第三部分的结尾，我们通过一个例子详细讲解了一对夫妇如何年金化其养老资产。我们已经评估了年金化的每一个步骤，希望有助于您着手制订自己的计划。但是，比这更重要的是，我们提供了一些新的方法来思考退休收入计划，并提供了一些新的策略促使您进一步思考退休阶段的生活。

# 结语

大多数关于个人金融的书籍，致力于对财富管理和投资规划的所有方面提供全面的建议，充斥着那些有助于提高您生活中全部财务效应的技巧、建议与理念，旨在成为全部财务问题的百科全书。

您会发现，这本书不属于那一类。与大多数涉及财富管理的其他著作不一样，我们将全书的中心思想用一句话来高度概括：

**如果您退休后没有来源于真实的养老金计划的收入，那么请确保有所行动以获取一些真实的养老金收入。**

本书的全部内容旨在充分阐释上述理念的重要性。一路走来，我们先明确一些真实的养老金的特征，引起您去确认是否有这类产品。我们提供一些指导来帮您确认您的养老金能否真正支持退休生活，并就配置能够弥补您的养老收入缺口的现代养老金产品提供一些建议。

写作本书的动机来源于，我们参与的数百场关于退休收入保障的讨论。多年以来，我们向各行各业的人士问及同一个基本问题："您的无忧退休生活是否安排好？"我们通常得到两类答案。第一类人很忧虑地承认："没有，我挺担心，我可能应该向我的养老资产账户存更多钱。"第二类人则很乐观地回答："是的，没有问题，我按照最高标准向我的养老资产账户存钱。"

我们认为这两种反应都是错误的、令人担忧的。本书中我们至少6次表达过这个观点，再最后说一次：缴费确定型雇主养老金计划、延税或免税储蓄账户、永久或终生寿险保单，或者在共同基金、单位信托基金、保本基金、独立管理账户或贴现经纪账户中的大笔资产，都不是养老金。只有当您将这些资产转换成养老年金时，它们才有成为养老金的潜力。

养老金是您与某家养老金提供商之间缔结的非常特殊的合同。真实的养老金可以为您防范风险，确保为您与配偶提供安全、可预测、通货膨胀调整后的终生收入。没有"如果"、"以及"或"但是允许"之类的模糊措辞。回顾一下您退休后可能面临的各类新风险：通货膨胀、长寿风险、收益率发生次序的风险等。养老资产年金化即指利用您可以购得的产品为您提供养老金收入的过程，是我们已知的用于防范这类新风险的最佳方式。

当然，如果您想等政客们或公共政策专家们来强化公共养老金系统，则随您的便。确实，有些人已经将全部资产年金化，根本不再需要任何帮助，但是这样的人是极少数的。相反，您应该将您的养老金收入的安全性掌控在自己手中，确保有某类可预测的、不受长寿风险影响的收入，即真实的养老金。

目前，您只能从某家保险公司购买到个人养老金产品。保险公司持有牌照，可以销售各种养老金类的产品，为您防范我们在本书介绍的您退休后可能面临的各类主要风险。可能在未来，相关法规会修订，您有可能从银行分支机构，还有可能从公共金融部门，直接购买养老金产品。但是目前，我们只是想确保您明白不使用养老金产品的风险。

年金化多少资产、何时开始年金化、具体采用哪类产品，是您或您的理财顾问要决断的问题。实际上，如果您对货币与金融比较陌生，您可能很不喜欢这类事务，我们强烈建议您请专家打理，把压力外包。此外，本书并不试图提供所有问题的答案。我们只想告诉您一个好的起点，但不会告诉您最终的落脚点在哪里。我们的意图不是给您提供所有答案，只是给您留下一个重要但简单的问题：您是否有养老金，是真的吗？

# 注释

## 引言

1. 在引言中，我们列举了很多显示有持续养老金收入的人更加幸福的研究。如果需要了解更多情况，可以阅读参考文献中的潘尼斯（Panis, 2003）与本德尔（Bender, 2004）。

## 第1章

1. 关于美国、英国、加拿大、澳大利亚、新西兰等国目前养老金的状况，主要数据来源是OECD发布的《2013年养老金概览：OECD与G20国家的指标》中的国别数据，还有些数据来自OECD的《2012年养老金展望》，两份文件均已列入本书的参考文献。

本章的详细数据来源如下：

- 有关美国私人部门员工享有雇主养老金计划权益的人数占比数据，摘自员工福利研究所2015年1月15日在其网站

（www. ebri. org）上发布的"关于退休的常见问题解答"。本章有关美国雇主养老金的其他信息，来自美国劳工部员工福利保障局 2014 年 12 月 12 日发布的《私人养老金计划历史数据公报》（www. dol. gov/ebsa/pdf/historicaltables. pdf）。

- 有关英国雇员参与雇主养老金计划的人数占比数据，来自斯诺登·格雷汉姆（Snawdon Graham）在 2012 年 2 月 24 日的《卫报》上发表的"享有雇主养老金的员工比例首次低于 50%"。本章关于英国养老金参与率的数据来自英国国家统计办公室在其网站上（www. ons. gov. uk）发布的《2013 年职业养老金计划调查》。

- 有关加拿大员工与雇主养老金的数据，来自总审计师办公室发布的《合格养老金计划（RPP）与养老资产覆盖率报告》（加拿大），可以在办公室的金融机构信息（www. osfi-bsif. gc. ca）中找到该文件，发布日期是 2015 年 1 月 15 日。关于加拿大人的养老资产的数据，摘自参考文献中麦肯锡公司发布的《构建加拿大的有效养老资产》。

- 有关澳大利亚建立超级年金制度前后的养老金计划数量的数据，直接摘自澳大利亚审慎规制局（APRA）2011 年在悉尼发布的《超级年金统计数据年度公报》（www. apra. gov. au）。本章关于澳大利亚养老金的其他信息，来自 OECD 发布的《养老金概览》，以及参考文献中的《传统养老金的衰落》。

- 有关新西兰雇主养老金计划的信息，直接摘自 OECD 发布的《养老金概览》及其中的国别数据。

2. 如果想更深入了解生命周期理论及养老金的效用价值，建议学习参考文献中莫迪利亚尼（Modigliani，1986）及伯恩斯与科特利克夫（Burns and Kotlikoff，2008）的经典著作。

## 第 2 章

1. 关于地中海型饮食的健康价值的相关信息来自巴卡罗（Bakalor）和尼古拉斯（Nicholas），《地中海型饮食对您的基因的益处》，纽约时报，2014 年 12 月 2 日。

2. 在第 2 章及整本书中，用于估计长寿概率的美国、英国、加拿大、澳大利亚及新西兰的官方生命表的情况如下：

| | | |
|---|---|---|
| 美国 | 男性 | 2009 年生命表：www. cdc. gov/nchs/data/nvsr/nvsr62/nvsr62_07. pdf（Table2） |
| | 女性 | www. cdc. gov/nchs/data/nvsr/nvsr62/nvsr62 _ 07. pdf（Table3） |
| 英国 | 男性与女性 | 2009—2011 年生命表：<br>www. ons. gov. uk/ons/ta×onomy |
| 加拿大 | 男性 | 2009—2011 年生命表：<br>www. statcan. gc. ca/pub/84-537-×/2013005/tbl/tbl1a-eng. htm |
| | 女性 | www. statcan. gc. ca/pub/84-537-×/2013005/tbl/tbl1b-eng. htm |
| 澳大利亚 | 男性与女性 | 2009—2011 年生命表：<br>www. abs. gov. au/AUSSTATS |
| 新西兰 | 男性与女性 | 2009—2012 年生命表：<br>www. stats. govt. nz/browse_for_stats/health/life_e×pectancy |

计算年金与养老金待遇支付率时使用稍微乐观的长寿假设，又称为《RP 2000 生命表》。

# 第 4 章

1. 关于现在与过去的通货膨胀的全部数据来自《通货膨胀与消费价格指数（年,%）》，世界银行、国际货币基金组织编写的《通货膨胀与金融统计数据汇编》，http：//data.worldbank.org/indicator/FP.CPI.TOTL.ZG/countries，2015 年 1 月 15 日取数。

注：英国 1965—1988 年的数据是零售价格指数（RPI），而不是消费价格指数（CPI）。1965—1988 年，英国政府使用 RPI 作为官方通货膨胀指数。1965—1988 年的 RPI 数据从英国统计局出版的 2001 年版的《统计年鉴》中摘录。www.ons.gov.uk，2015 年 1 月 15 日取数。

2. 英国版的"个人通货膨胀计算器"见网站 www.neighbourhood.statistics.gov.uk/HTMLDocs/dvc14.

澳大利亚 2009 年的改革引进一项新的生活成本指数：养老金领取者与受益人的生活成本指数（PBLCI），可以更好地反映养老金领取者的生活成本变化情况。

# 第 6 章

1. 您可以阅读米列夫斯基和普洛密斯罗（Milevsky and Promislow，2004）的《佛罗里达州的养老金选举：从 DB 计划到 DC 计划再转回来》，进一步了解一个关于养老金领取者对从 DB 转换为 DC 计划的反应的案例，可参考本书的全部参考文献目录。

## 第 9 章

1. 见图 9.2 养老资产、年金化与您的 RSQ，我们假设一位 60 岁不分男女的退休人员付出 33.33 美元获得每年 2 美元的终生年金。

我们假设退休时的可投资资产配置到一个包含 60% 的股票与 40% 的债券的多元化资产组合。股票的预期真实收益率约为 8%（扣除通胀率和管理费），波动率为 ±18%。

我们还假设长期债券经通货膨胀调整后的收益率为 2%，也扣除所有费用。

如此，使用几何平均数，股票与债券占比分别为 60% 与 40% 的多元化资产组合的年真实收益率约为 3.5%，每年的波动率约为 11.3%。

最后，我们假设这个例子中嵌入的通货膨胀调整的生命年金按 2% 的真实收益率定价，假设死亡率模式隐含 100 岁老人的死亡率为 5% 及指数式下降的存活率。我们没有为年金定价与 RSQ 计算假设死亡率。

## 第 11 章

1. 共同基金各项费用的估计见霍拉纳等人（Khorana, et al, 2007）关于全球共同基金费用的研究报告中表 11.3 养老金产品的持续管理成本，以及晨星公司的雷肯哈勒等人（Rekenthaler, et al,

2013）关于全球基金投资者经验的研究报告。本书的参考文献目录列出上述来源的完整信息。所有其他关于费用的估计基于 2014 年中期的市场通行成本，来源于一些可以从公开渠道得到的产品发行文件。

2. 请注意我们只关注各项持续性的管理费用，并未以任何形式、模式与方式暗示即期年金是无成本的或由保险公司无偿提供服务。

3. 如果想进一步了解提供美国社会保障问题咨询的专家的情况，可以访问：www.maximizemysocialsecurity.com（与劳伦斯·科特尼科夫有关）和 www.socialsecuritysoltuions.com（与威廉·罗切斯特有关）。

约翰·肖生与西塔·N.斯拉沃夫 2013 年 3 月发表的政策概要性论文《有效的退休设计：组合运用私人资产和社会保障来最大化养老资源》，可以在斯坦福经济政策研究所的网站 www.siepr.stanford.edu 下载。

# 第 15 章

1. 贯穿全书，第 15 章的计算器以如下假设为基础：

- 冈珀茨（Gompertz）对死亡率的近似估计。
- 无风险利率为 1%。
- 股票年收益率为 8%，波动率为 16%。

如果没有特别说明，这些因素都保持不变。未来涉及这些假设的任何变化都会在计算器上提示。

# 参考文献

Bender, Keith A. "The Well-Being of Retirees: Evidence Using Subjective Data." Boston: Center for Retirement Research at Boston College, October 2004.

Bodie, Zvi, and Michael J. Clowes. *Worry-Free Investing: A Safe Approach to Achieving Your Lifetime Financial Goals.* Upper Saddle River, NJ: Financial Times Prentice Hall, Pearson Education Inc., 2003.

Burns, Scott, and Laurence J. Kotlikoff. *Spend 'Til the End: Raising Your Living Standard in Today's Economy and When You Retire.* New York: Simon & Schuster, 2010.

Khorana, Ajay, Henri Servaes, and Peter Tufano. "Mutual Funds Fees Around the World." HBS Finance Working Paper No. 901023, July 23, 2007.

Ibbotson, Roger G., Moshe A. Milevsky, Peng Chen, and Kevin X. Zhu. *"Lifetime Financial Advice: Human Capital, Asset Allocation, and Insurance."* The Research Foundation of CFA Institute, 2007.

Mackenzie, George A. (Sandy). *The Decline of the Traditional Pension: A Comparative Study of Threats to Retirement Security.* New York: Cambridge University Press, 2010.

McKinsey & Company, Financial Services Practice. "Building on Canada's Strong Retirement Readiness." February 2015.

Milevsky, Moshe A., and S.D. Promislow. "Florida's Pension Election: From Defined Benefit to Defined Contribution and Back." *Journal of Risk and Insurance*, Vol. 71, no. 3, 2004: 381–404.

Modigliani, Franco. "Life Cycle, Individual Thrift, and the Wealth of Nations." *American Economic Review*, American Economic Association, vol. 76, no. 3, June 1986: 297–313.

Organization for Economic Co-operation and Development. *OECD Pensions Outlook 2012*. OECD Publishing, 2012.

——. *Pensions at a Glance 2013: OECD and G20 Indicators*. OECD Publishing, 2013.

——. *Private Pensions: OECD Classification and Glossary*. OECD Publishing, 2005.

Panis, Constantijn W.A. "Annuities and Retirement Satisfaction." The RAND Corporation. Labor and Population Program, Working Paper Series 03–17. April 2003.

Reichenstein, William. "Calculating Asset Allocation." *The Journal of Wealth Management*, Fall 2000.

Rekenthaler, John, Benjamin N. Alpert, and Sana Suh. "Global Fund Investor Experience." *Morningstar Fund Research*, May 2013.

# 致谢

感谢CANNEX金融交易所旗下的财富管理量化分析部门QWeMA集团的西蒙·东布罗夫斯基（Simon Dabrowski）、布拉尼斯拉夫·尼科利奇（Branislav Nikolic）、费萨尔·哈比卜（Faisal Habib）提供的技术支持，以及CANNEX金融交易所的乔安妮·刘（Joanne Lui）、吉姆·多不勒（Jim Dobler）。同时感谢CANNEX金融交易所的首席执行官洛厄尔·阿罗诺夫（Lowell Aronoff），以及CANNEX金融交易所美国分公司的总裁加里·贝克（Gary Baker）。

还要感谢沃伦·哈斯卡（Warren Huska）在插图与图表方面提供的支持，以及德娜·米列夫斯基（Diena Milevsky）在本书写作全程中提供的建设性建议。

尽管众多读者参与了本书第一版与第二版的写作，本书作者对任何尚未发现的错误与遗漏独自承担责任，并事先致歉。